Rolf Friedrich Schuett

Esprit und Geisteswissenschaften

*Wechselwirkungen zwischen
Kunst, Philosophie und Psychologie*

ROLF FRIEDRICH SCHUETT

Esprit und Geisteswissenschaften

Wechselwirkungen zwischen

Kunst, Philosophie und Psychologie

Books on Demand

Bibliographische Information Der Deutschen Bibliothek:
Die Deutsche Bibliothek verzeichnet diese Publikation in
der Deutschen Nationalbibliographie; detaillierte bibliographische Daten sind im Internet abrufbar über
http://dnb.ddb.de

Copyright © 2016 Rolf Friedrich Schuett

2. erweiterte Auflage

Herstellung und Verlag :

BoD – Books on Demand, Norderstedt

Gedruckt auf alterungsbeständigem Papier
(holz- und säurefrei)

Umschlaggestaltung : E. L. Schmidt

Printed in Germany

ISBN   978-3-7392-1641-6

INHALT

7	Einleitung
9	Die Kritische Theorie auf der Couch
23	Schopenhauer und Freud
36	Zukunftsträchtigkeiten der Tradition
43	Philosophen, Sophisten, Philosophisten
53	Allgemeinheit und Besonderheit
55	Von der Aufklärung zum Idealismus
56	Vom Zeitgeist zur geistreichen Zeitlosigkeit
59	Protest gegen Protestantismus 2000
64	Hegels Naturphilosophie als Ästhetik
68	Sesshafte Reisebeschreibungen
78	„Geistige Atmosphäre"
84	Untätiger Geist oder geistlose Untat?
93	Witz und Geisteskrankheit
98	Moralistik oder „moral sciences"?
162	Geistreicher Witz und Geisteswissenschaft

Für Rita und Maike

Einleitung

„Wenn man vor den Deutschen Geist zeigt, so bemühen sie sich zu verstehen ... Sie tun sich zusammen, um ein Bonmot zu verstehen." (*Rivarol*, 1753-1801) Und sie entwickeln trockene Geisteswissenschaften, um den fehlenden Witz und Esprit akademisch zu ersetzen und zu überbieten, bis der kurze Geistesblitz sehr langweilig entschärft und „diskursiv" zerredet ist. War der Franzose virtuos und geistreich, wurde der Deutsche pedantisch breit und gründlich, auch und gerade im Zeitalter der Aufklärung.

Deutschland entwickelte akademische Geisteswissenschaften und eine genuin philosophische Anthropologie (*moral sciences*), weil es nie rechten Anschluß an die Entwicklung der europäischen, vor allem der französischen Moralistik gesucht und gefunden hatte, woran der geistreiche Kompensationsphilosoph Odo Marquard oft erinnert hat. (Auch *Robert Zimmer*: „Die europäischen Moralisten", Hamburg 1999, S. 119 f.)

Geistreich wäre die Abbildung eines intellektuellen Codes auf einen ganz anderen, z.B. philosophischer Gehalt in literarischer Gestalt oder philosophische Überlegungen in psychologischen Auslegungen.

Als die französische Moralistik mit Joubert und Jouffroy langsam auslief, entstanden mit Schlegel und Novalis in Deutschland gleichzeitig die historischen Geisteswissenschaften (engl. „moral sciences") und die frühromantischen Fragmente, um unliebsame Nebenwirkungen der naturwissenschaftlich-technischen Fortschrittsbeschleunigung abzufedern und überzukompensieren. Heute drohen technologisch profitable

Naturwissenschaften die „weichen" Kulturwissenschaften wieder zu verdrängen und die moralistische Virtuosität als bloß subjektivistisch zu marginalisieren. Der wissenschaftliche Forschungsaphorismus und der literarische Salon-Aphorismus sind nicht mehr anerkannt als kompetente Einsprüche gegen Ideologien und andere generalisierten Vorurteilsstrukturen, sondern zählen jenseits von Physik und Logik nur zu Wittgensteins Privatsprach(spiel)en. Hippokrates und Heraklit, Bacon und Larochefoucauld : Die Sentenz geisterte stets in beiden Kulturen als Spurenelement herum, in Natur- wie in Kulturwissenschaften. Hegels Dialektik war der wohl letzte Versuch, Philosophie als Geisteswissenschaft des Geistreichen systematisch zu begründen und zugleich historisch zu entwickeln, indem sie Geist als paradoxe „Einheit des Entgegengesetzten" bestimmte. Der Frühromantiker Schlegel emanzipierte diese Phänomenologie des Geistreichen wieder aus der zu systematisch vergeistigten Geistesphilosophie und begründete dagegen die historischen Geisteswissenschaften aus dem Geiste Gottes und der begriffsstutzigen Fragmente. Esprit entzündet sich an Widersprüchen, Antinomien und Aporien, die geisteswissenschaftlich gerade aufgelöst werden wollen, also am ewigen Konflikt zwischen Theorie und Praxis, Allgemeinheit und Individuum, körperlicher und geistiger Beweglichkeit, Tradition und Revolution, Bild und Begriff, biblischem Gesetz und christlicher Liebe, Atmosphäre und Geistessphäre, Naturwissenschaften und Naturschönheiten, untätigem Geist und geistloser Tat, Lebensreisen durch Orte oder durch Worte, etc. Dazu bietet dieses Buch einige Musterbespiele und charakteristische Modellversuche.

Vorschrift : Wissenschaftliche Geistesblitzableiter gehören auf alle Gedankengebäude!

Die Kritische Theorie auf der Couch

Die theoretischen Köpfe der sogenannten Frankfurter Schule der Sozialphilosophie, Max Horkheimer und Theodor W. Adorno, waren neben dem Heideggerschüler Herbert Marcuse, der später in den USA einer der Hauptideologen der Neuen studentischen Linken wurde, die ersten und bisher einzigen namhaften Philosophen, die der Freudschen Psychoanalyse, nicht ohne sie zugleich massiv zu kritisieren, einen wichtigen Platz in ihrem Denken einräumten. Die drei Denker spielen die vergleichsweise heroische Frühphase Freuds gegen den revisionistischen Neofreudianisrnus vor allem angelsächsischer Observanz aus, in dem sie eine herrschaftsstabilisierende Ideologie der therapeutischen Anpassung leidender Menschen an unmenschliche gesellschaftliche Zustände ablehnen. Was *Marcuse* betrifft, ist sein Aufruf zur *Großen Verweigerung* des Mitmachens und seine Kritik der Psychoanalyse in "Eros and Civilisation" bereits selbst durchpsychoanalysiert worden von Gerard Mendel in "La crise de générations", kritisiert als folgenreiche Unterschätzung der ödipalen Problematik heute. Kurz gesagt, wirft Mendel Marcuse vor, regressive Kollektiv-Phantasien der Studentenbewegung der Sechzigerjähre nur eben rationalisiert zu haben, als er in ihnen die fällige Revolte der Söhne gegen den imperialistischen Monopolismus der Väter begrüßte und gleichzeitig der Versuchung erlag, nicht die Vergesellschaftung der erzphallischen Produktionsmittel dieses Vaters, die Aufteilung seiner technologischen Potenz unter die aufmüpfigen Söhne, zu fordern, sondern die „Überwindung" der technischen Welt im Namen einer verschandelten Natur. Hinter der vatermörderischen Attitüde derer, die sich auf Marcuse berufen, will G. Mendel einen maschinenstürmenden Aufstand gegen die sadistische Übermacht entdeckt haben, die von dem verabsolutierten technologischen Machtarsenal der Väter über die Natur selbst ausgeht. Nicht mehr nur der Vater erscheint dem Sohn als bedrohlich, nicht mehr nur seine private Aneignung des technisch Erreichbaren, sondern die fetischisierte Eigengewalt seines phallischen Instrumentariums der Naturbeherrschung. Die Potenz der technischen Apparaturen erscheint dem Sohn nicht mehr als Potenz eines starken, gerechten, freien und gütigen Vaters, der vor der grausamen Seite der unwirtlichen Natur beschützt, sondern als archaische Omnipotenz einer sadistischen, „phallischen Mutter" selbst. Kurzum: Kultur droht selbst als jene Übermacht der Natur, von der sie befreien sollte, sie wird zur "zweiten Natur". Das Instrument der Naturbeherrschung, die Rationalität des Vaterbildes, wird selbst zu einem Stück blinder Natur, fällt zurück in die Irrationalität der Natur, die sie überwinden sollte. Im Angriff auf die böse Mutterimago der kulturellen Institutionen droht nach G. Mendel nun aber das einzige Werkzeug mitzerschlagen zu werden, das Hilfe gegen die Stiefmutter Natur verspreche : Die rationalen Waffen des bewunderten Vaters, der mit der Mutter fertig wird. Der ödipale Kampf des Sohnes gegen den bösen Vater um die begehrte Mutter Erde ist ja in ein und derselben Bewegung immer auch der präödipale Kampf gegen eine Rabenmutter Natur mit Hilfe eines guten und starken Vaters. Nolens volens ist also der Kampf gegen den bösen Vater um die gute Mutter immer schon implizite ein Kampf gewesen gegen einen guten Vater, der allein gegen die böse Mutter abschirmen konnte. Man kennt Freuds Vorstellung vom gelungenen Auflassen dieses Komplexes: Dieser Hass auf den Besitzer der Mutter und die Liebe zum bewunderten Bezwinger der Mutter Natur verbinden sich zum Wunsch, recht bald wie er zu werden.

Nach Mendel schüttet Marcuse das Kind mit dem Bad aus, den guten Vater (der vor der Rabenmutter Natur schützt) mit dem bösen Vater (der die inzestuösen Regungen des Sohnes mit Kastration bedroht) – und mit der bösen Mutter, die in der sadistischen Übermacht einer zur "zweiten Natur" gewordenen technischen Potenz des Vaters wiederauferstanden ist, statt davon ganz besiegt zu werden. Mendel wünscht sich ebenfalls eine "Revolte gegen den Vater", aber eine Revolte gegen den Vater, der sich kastrationsdrohend zwischen den inzestuösen Sohn und die begehrte Mutter Natur stellt, im Namen jenes selben Vaters, der allein die Macht hat und an den Sohn weitergeben kann, mit der bösen Imago derselben Natur gut fertig zu werden. Diese Revolte gegen den Vater in Namen des Vaters wagt die Identifikation mit dem Vater, die Aneignung all jener Fähigkeiten, die nötig sind, sich der Umklammerung durch die Natur endlich zu entziehen.

Nach Mendel erweist Marcuse der Jugendbewegung einen Bärendienst, wenn er sich herbeilässt, die Angst des Heranwachsenden davor, dem Vater die phallische Armatur zu entwinden, ein philosophisches Mäntelchen umzuhängen und aus der Not des Adoleszenten, der ödipalen Probe auszuweichen, die Tugend einer Rebellion zu machen, die in Wirklichkeit eine schizoide Regression sei auf die Ebene frühkindlicher Versorgungsphantasien. Hinter Marcuses Vision eines *befriedeten Daseins* in Schlaraffia, wo Leu und Lamm einträchtig nebeneinander leben, entdeckt Mendel regressive Wünsche nach symbiotischer Verschmelzung mit einer reinen und guten Mutter Natur, aus der alle Destruktivität einfach nur verdrängt sei, statt durch Teilidentifikation mit einem gleichzeitig idealisierten und gehassten Vater besiegt zu werden. Nicht umsonst sei in "Eros and Civilization" der Mythos des Orpheus und des Narziss, also die Propagierung des verlorenen primärnarzisstischen Paradieses, gegen den Prometheus-Mythos ausgespielt worden.

Ich will mich an dieser Stelle beschränken auf den Versuch einer kritischen Auseinandersetzung mit der Kritik Adornos an der Psychoanalyse, der er nur unter gravierenden Vorbehalten eine allerdings entscheidende Vermittlerrolle zugestehen mag zwischen den sprachlosen Leiden unterdrückter Individuen und einer umfassenden Theorie gesamtgesellschaftlicher Rahmenbedingungen der Möglichkeit psychotischer und neurotischer Fehlentwicklungen. Adornos Philosophie, sieht man einmal vom Vorwurf der Studenten ab, sie liefere keine direkte Aktionsstrategie zur politpraktischen Veränderung verhärteter gesellschaftlicher Strukturen, galt weithin als avancierteste Reflexionsform moderner Aufklärung über *falsches Bewusstsein* in der *verwalteten Welt*. Wie der Marxismus das patriarchale kapitalistische Realitätsprinzip aufheben will, soll Psychoanalyse das Überich, also dessen Internalisat im Einzelnen, wegtherapieren. Kulminiert Adornos Kritik an der Psychoanalyse in dem Vorwurf, sie arbeite nicht an der Abschaffung des Überich, jener intrapsychischen Instanz, in der die repressive Autorität des Vaters als Agenten des versagenden gesellschaftlichen Prinzips verinnerlicht ist, dann hat er in "The Authoritarian Personality" unter anderem zu zeigen versucht, daß es die Dominanz des rigiden, autoritätsgebundenen Charakters ja ist, die notwendige gesellschaftliche Veränderungen auch dort verhindert, wo sie real möglich wären. Wo es keine realen Hindernisse mehr gibt, das Leben ichgemäßer zu gestalten, stehen den Menschen ihre eigenen Überichstrukturen in Wege, die verinnerte Macht des

Bestehenden, in die das tradierte Überich des Vaters projiziert wird. Jeder auch nur reformistische Versuch werde so sehr als kastrationsgefährdete Usurpation väterlicher Privilegien phantasiert, daß die Menschen schließlich sich mehr homosexuell mit ihren Unterdrückern identifizieren als mit ihren ursprünglichen inzestuösen Zielen. Für Freud war der Sohn erst dann erwachsen, wenn die inzestuös-patrizidalen Wünsche nicht länger verdrängt wurden oder in neurotischen Symptomen sein Verhalten hinterrücks infantilisierten, sondern in vollem resignativem Bewusstsein ihre realunmögliche Erfüllung aufgegeben, also um die Mutter getrauert wurde, die für den Sohn an den Vater unwiederbringlich verloren ist. Nach Freud gewinnt der Sohn seine Arbeits- und Genussfähigkeit erst ganz dadurch, daß er sich endgültig über den Verlust der Mutter mit einer anderen Frau hinwegtröstet, in der er getrost die Mutter lieben darf und für deren Erhaltung er dann arbeiten muß. Hier beginnt Adornos Kritik am psychoanalytischen Normalitätsideal eines glücklich aufgelassenen Ödipuskomplexes, aber immer auf das männliche Kind hin betrachtet. Alles, was für Adorno emanzipatorisch den derzeitigen historischen Stand gesellschaftlicher Verhältnisse transzendiert, ist die "Utopie, die einmal von der Liebe der Mutter zehrte". Hier versteckt sich das ebenso psychologische wie *materi*alistische Motiv seines von Marx wie von Freud inspirierten Denkens. Die Liebe dieser Mutter erkennt Adorno aber nicht in der oralen Fülle der materiellen Konsumgüter der kapitalistischen Tauschgesellschaft. In der Flut der Waren sieht er eher eine Abfindung für einen fundamentalen Triebverzicht, eine Abschlagszahlung für Inzestverzicht. In diesem Tausch, Materielles gegen die Mater, sieht Adorno, Sohn eines Kaufmanns und einer korsischen Sängerin, das Erzübel alles ökonomischen Denkens noch unterhalb der Entscheidung zwischen kapitalistischer und kommunistischer Spielart. Über die Utopie, die Liebe der Mater-ie, hat Adorno das biblische Bilderverbot verhängt, Liebe der Mutter genitivus subiectivus *und* obiectivus. Sein Vater war Kaufmann und betrieb den von Adorno perhorreszierten Äquivalententausch von Arbeits(Er-zeugungs)kraft und verzehrbarer Ware. Dieser Tausch von Inzestverzicht, sprich Arbeit an Mutter Natur, gegen die Konsumgüter rechne gegeneinander als gleich auf, was schlechterdings ungleich sei. Der von kapitalistischer Vaterfigur abgeschöpfte Mehrwert dieser aggressiven Naturbearbeitung ist nun genau jene Liebe der Mutter, die er sich selbst vorbehält und die Adorno nicht vergessen und verdrängen kann und will. Den *nichtidentischen* Gebrauchswert in dieser falschen Gleichung Materielles = Mutterliebe = Inzest will seine Philosophie retten. Aber hinter dem, was er bewußt macht, läßt er zu vieles unbewußt, als daß es keine Psychoanalyse seiner Philosophie der Psychoanalyse geben könnte und müßte. Auch seine tragenden Grunderfahrungen, die in seinem Denken nur artikuliert sind und ihm vorausgingen, sind Erfahrungen mit Mutter- und Vaterimagines, mit dem „Durcheinandervermitteltsein" und „Ineinander" von Subjekt und Objekt, von Geist und Natur, von Himmel und Mutter Erde, also philosophische Rekonstruktion der Urszene : Familienphilosophie. Die sinnlich naturhaften Regungen, die Adorno rehabilitieren will, richten sich auf Mutter Natur. Aber er sieht auch, daß hinter den verpönten Wünschen nach genitaler Vereinigung mit der Mater-ialität von Frau Welt Versuchungen lauern zu prä-ödipaler Regression, zu der Verschmelzung von Mutter und Kind : Sirenenklänge im Ohr des Odysseus, der sich an den Mast der Zivilisation bindet, um ihnen nicht zu erliegen. Den Unterschied zwischen Ich und Überich will Adorno nicht gelten lassen. Mit dem Überich soll das Ich fallen, das selbsterhaltende Prinzip, diese Rationalisierung aller Rationalisierungen, die Zwangseinheit der chaotisch divergierenden Impulse aus den Primärprozessen.

Das Ich stehe niemals harmonisch vermittelnd zwischen Es, Realität und Überich, sondern nur im Zwangsbund mit Überichinstanz und Realitätsprinzip gegen das Es, Agent aggressiver Selbsterhaltung und Selbstbeherrschung, versagend, unterdrückend und esdyston, Aber Adorno sieht auch die Gefahren, die in der Versuchung liegen, die geschichtlich mühsam errungene, relative Autonomie des Ich wieder rückgängig zu machen, als Subjekt abzudanken und in einer symbiotischen Einheit mit der inneren Natur sich aufzulösen. Historisch ist das Ich hervorgegangen aus dem immer erfolgreicheren Kampf gegen eine übermächtige Rabenmutter Natur, als Abgrenzung gegen sie hat es sich aus ihr herausdifferenziert als Partialsubsystem: Selbsterhaltungstrieb par excellence gegen die innere und jene äußere Natur, in der das Realitätsprinzip, die entwöhnende Stiefmutter Natur und die verbietenden patriarchalen gesellschaftlichen Mächte sich für die Phantasie amalgamieren. Die Rationalität dieses Ich, die eine Rationalisierung ist, will Adorno abgeschafft sehen – durch noch mehr statt weniger Rationalität. Das Ich soll wirklich rational werden statt bloß zu rationalisieren; es soll einfach Herr werden über seine Herrschaft über innere und äußere Natur. Vielleicht habe das Überich dem Ich geholfen, sich aus der prä-ödipalen Naturverstrickung freizustrampeln, also selbständig zu werden, der maternalen Natur- und Todesverfallenheit zu entgehen. Dabei sei aber inzwischen das eigentliche Ziel der Befreiung vom Naturzwang vergessen worden über der anal kontrollierten Abgrenzung gegen die einst dominante Natur : die inzestuöse Wiedervereinigung eines erstarkten, gegen die Naturzwänge gefeiten Ich mit eben dieser Mutter Natur; befreit sich das Ich doch nur von der Umklammerung durch die Natur, um wieder mit ihr sich zu vereinigen, ohne verschlungen zu werden, wie es vor der Lösung drohte. Das metaphysische Ziel bestehe doch darin, sich an die Natur verlieren und aufgeben zu können, Naturwesen zu sein, ohne nun von dieser Natur zermalmt zu werden.

Adorno will dieses Ich zusammen mit dem Überich abgeschafft wissen. Dazu repristiniert er die Scheidung von beiden : Das Ich ist sein eigenes Überich nicht anders, als der Sohn sein eigener Vater werden will. Die Identifikation mit dem Vater ist dabei zweideutig: Identifikation auch mit seinem Verbot, sich mit ihm schon jetzt identisch zu fühlen. Der Sohn wird abgefunden mit einer Frau, die nicht seine Mutter ist, die ihr gleichen darf, ohne dieselbe zu sein, und Adornos Philosophieren wird zum Insistieren auf dieser spezifischen Differenz zwischen der Mutter und den späteren Liebesobjekten des Kindes. Die verhaßte Ideologie des Vaters, die zur Indoktrination des Sohnes erfunden ist, lautet dann: "Deine Mutter ist meine Gattin und gehört mir. Aber tröste dich. Wenn du erst so groß bist wie ich, bekommst du eine eben solche Frau wie Mama. Frau ist Frau. Du bekommst eine andere, und diese andere ist so gut wie diese eine." Das einzige, was die Mutter vor dem Vater von allen anderen Frauen unterscheidet, ist die Tatsache, daß sie ihm gehört, und damit basta. Die Argumentation des Vaters ist also zutiefst widersprüchlich : Beharrt der Sohn darauf, daß er diese Frau, die Mutter, und keine andere will, wird ihm von oben bedeutet, eine Frau sei so wie die andere und er werde ja auch eine bekommen – sofern er nur dem Vater folge. Das aber kann der Sohn, gerade sofern er die väterliche Logik akzeptiert hat, nicht einsehen : Wenn für den Vater eine Frau so gut ist wie die andere, gibt es keinen vernünftigen Grund, warum der Sohn nicht ebenso gut die Frau behalten dürfe, aus der er, anders als der Vater, gekommen ist und in die er zurück will. Dieser innere Widerspruch der väterlichen Philosophie treibt den Sohn in Widerspruch zum Vater.

Es gibt wenigstens zwei Stränge in Adornos Argumentation : **1.**) Der Sohn schiebt und gibt den Mutterinzest auf. Er unterwirft sich einem Vater, der nicht nur gefürchtet und bewundert, sondern am Ende mehr geliebt wird als jenes Wesen, von dem er den Sohn ausschließt. Das ist der psychologische point d'honneur von Adornos These von den *falschen Bedürfnissen* durch *falsches Bewußtsein*. Die inzestuösen werden von homosexuellen Regungen, die selbst der Verdrängung unterliegen, verdrängt und abgelöst. Der effeminierte Sohn will dem versagenden Prinzip(al) gefallen, läßt sich aus Liebe ausbeuten und mit Tand abspeisen, der keinen Gegenwert zum abgeschöpften Mehrwert darstellen kann.

2.) Die "Dialektik der Aufklärung" besteht darin, daß die bewunderte Herrschaft des Vaters über Mutter Natur für den nacheifernden Sohn zur zweiten (Mutter) Natur wird. Der Mensch unterdrückt seine eigene Natur, um die übermächtige archaische Umweltnatur unterwerfen zu können, wie biblisch gefordert. Er beherrscht die ganze Natur, außer seiner Naturbeherrschung selbst. Im phallischen Instrumentarium naturbeherrschender Technik ersteht die unterworfene Natur als zweite wieder auf : Die sogenannte *phallische Mutter* taucht drohend hinter dem männlichen Penis auf, der sie in Schach halten sollte.

Die Liebe zur Mutter als Haß auf den Vater pervertiert sich in Liebe zum Vater als Haß gegen die Mutter, deren Imago allerdings ambivalent im vergötterten Waffenpenis der Homosexuellen drohend wiederkehrt, so daß nach Mendel die Revolte gegen den Vater die Revolte gegen eine Mutter involviert, die vom väterlichen Geist kaum noch trennbar ist. Zu Recht löst sich also nach Adorno der Geist aus der erstickenden Umarmung der *Naturverfallenheit* durch Herrschaft über ihre Übermacht. Aber dieser Geist als Kind der Mutter Natur verabsolutiert sich und seine aus der Lösung von ihr errungene Selbstidentität zum Fetisch, solange er in der analsadistischen Phase seiner Stellung zur Natur sich vertrotzt. Das Ich wird wie die archaische phallische Mutter, wenn es sein eigenes Überich wird, das das Es beherrscht. Der Sohn rutscht in Identität mit der gefürchteten frühen Mutter, wenn es als sein eigener Vater die Mutter so zu beherrschen trachtet, wie er einst von der phallischen Mutter um seine Unabhängigkeit und Autonomie sich gebracht fürchtete. Aber die entwöhnende Mutter wird ja vom Kind nicht nur gefürchtet und gehaßt, sondern auch geliebt, und derselbe Vater, der gut genug war, daß das Kind sich mit seiner Hilfe aus der bösen Imago seiner Abhängigkeit von ihr befreite, verkehrt sich zum bösen Rivalen im gleichen Augenblick, in dem der Sohn sich mit der geliebten Frau des Vaters ganz wiederzuvereinigen sucht. In den primärnarzißtischen Phasen der psychosexuellen Entwicklung wird der Vater als Modifikation der Nichtmutter, seine Anwesenheit als Variante mütterlicher Abwesenheit erlebt.

Er spürt, daß ihm die Erinnerung ausgetrieben werden soll daran, daß seine Mutter keine beliebige Frau unter anderen ist. Das qualitativ Andere, *Nichtidentische*, an der Mutter gegenüber dem Heer aller weiblichen Wesen ist die Tatsache, daß es seine Mutter ist, aber eben gerade deshalb die Frau des Vaters. Er soll den Besitz der Mutter erst aufschieben und dann aufgeben und sie in einer anderen Frau lieben, d.h. schon jetzt eine beliebig andere in seiner Mutter lieben, d.h. ihr und seinen ursprünglichsten Sehnsüchten untreu werden. Bekanntlich will Adorno dieses „Nichtidentische" und unaustauschbar Besondere vor dem vergleichgültigenden Zugriff des identifizierenden Allgemeinbegriffs retten, die geliebte Mutter vor der ablenkenden Gleichschaltung mit dem, womit der Sohn für seinen Inzestverzicht abgefunden werden soll. Identifikation mit dem Vater als Installation eines Überich in den Sohn läßt alle Frauen gleich werden vor dem väterlichen Blick, den der Sohn auf sie werfen soll. Wie der Vater werden heißt eine Frau wie die Mutter so *erkennen*, wie der Vater die Mutter erkennt.

Das hilflos Einzelne und spezifisch Abweichende wird brutal subsumiert unter seinen Begriff, indem das nicht mit seinem Übergriff Identische daran gestutzt und kastriert wird. Der Sohn wird vom Vater kastriert, indem er von seinem Penis oder von seiner Mutter abgeschnitten zu werden droht, und die Frau wird von ihm kastriert, indem sie vom phallischen Begriff, auf den gebracht sie sich findet, als immer schon kastriertes Wesen und sonst nichts definiert wird, und dieses Nichts ist das zwischen ihren Beinen. Das Besondere am Sohn ist sein Penis, sofern er damit diese und keine andere Frau liebt und am Konkreten haftet. Das Besondere an der Frau ist das, was sie jenseits des quantifizierenden Begriffs ist, eine Null und ein Nichts und ein Loch wie alle Löcher zu sein und nichts Besonderes. Reduziert auf das eine, was sie mit allen Frauen gemeinsam hat: nichts dort zu haben, wo allen Männern gemeinsam ist, jenes zu haben, vor dem alle Frauen Löcher sind, ist sie nur unqualifiziertes Roh*mater*ial qualifizierter männlicher Formung. Statt diese und keine andere zu lieben, soll das Kind vorliebnehmen mit einer beliebig anderen, von der der Vater im gleichen Atemzug behauptet, sie sei die Einen und Einzigen völlig gleich außer in der abstrakten Eigenschaft, zufällig nicht Eigentum des Vaters zu sein. Der einzige Unterschied zwischen den Frauen ist der Unterschied der Personen, denen sie jeweils gehören und gehorchen müssen, ihnen völlig äußerliche Besitzansprüche. Allein durch Mein und Dein unterschieden, ist die qualitative Differenz zwischen der Frau, die dem Vater gehört, und jener, die dem Sohn später zugedacht ist, eingeebnet durch den Gattungsbegriff, bloße Gattungswesen zu sein. Und ist jene Frau nicht deine Mutter, dann mach sie zur Mutter. *Das ganz Andere*, das ist die Mutter, Mater-ie, nicht identisch mit jener Frau Welt, die dem Sohn untergeschoben wird und ihn entschädigen soll. Th. Adorno träumt von der Revolution als dem Vatermord, nicht von Identifikation mit einem Vater, vor dem für den Sohn alle Frauen gleich sein sollen, damit der Vater die für sich reservieren kann, die anders ist als alle anderen. Sein Vater war Kaufmann, und Adorno haßt das ökonomische Denken, diesen Äquivalententausch von Mutter Natur gegen orale Konsumfülle. Er will nicht den Vätern gleichen in der homosexuellen Verachtung des weiblichen Genitals, in der die Angst vor der archaischen Mutterimago überkompensiert ist.

Er bejaht die Macht über die Natur als Macht über die phallische Mutterimago der Vorzeit, nicht aber über die Inzestneigungen zur ödipalen Mutter.

Der Fortschritt aus dem Bannkreis der archaischen Allmacht der prä-ödipalen Mutter Natur ist nur Mittel zum Zweck späterer, erträumter Wiedervereinigung. Das Ich ist nur Mittel und Organ, ein notwendiger Umweg über die „patriarchale Realität" auf dem Wege zur narzisstischen All-einheit zurück; genauer: nicht in die brutwarme Symbiose vor aller Individuation zurück, sondern durch die Individuation hindurch in die Versöhnung eines aggressiv sich ausdifferenzierenden Ich mit der erst verschlingenden, dann unterjochten Naturimago. Nach Adorno haben sich aber nun die Mittel zu Endzwecken aufgeworfen, die Wege zu ihren Zielen verselbständigt, ist der Selbsterhaltungstrieb zu seinem eigenen sturen Objekt geworden: Die Zwecke sind über den fetischisierten, zu *gadgets* erotisierten Instrumenten vergessen und die anal- bzw. oralsadistischen Attacken gegen die Mutter Natur mit dem Inzest verwechselt. Eigentlich hatte sich das Ich von der Rabenmutter Natur mit Hilfe des deshalb guten väterlichen Phallus befreit, um selbständig, groß und stark genug zu sein, sich gegen den deshalb bösen Vater mit der begehrten Mutter Natur wiedervereinigen zu können. Die Lösung von der Umweltmutter ist eigentlich Mittel zur Wiederversöhnung mit ihr, wie die Identifikation mit dem Vater nur Mittel der Differenzen mit ihm. Der Geist ist also nach Adorno das naturbeherrschende Prinzip, das Überich über dem Es, der Mann über dem Weiblichen. Er ist dadurch der Natur über, daß er sie sich gleichmacht. Er beherrscht sie durch Angleichung an ihn, indem er sie frißt, verdaut und assimiliert. Er macht Natur zu Geist, Es zu Überich. Die Herrschaft des Subjekts übers Objekt ist ja verinnerlicht als Suprematie des Überichs über Ich und Es, und Adorno will die Natur vor dem Geist bewahren, Ich und Es vor dem Überich, Sohn und Mutter vor dem Vater, die natürliche sinnliche Regung vor dem widernatürlich übersinnlichen Diktat. Aber der Geist wird als naturbeherrschendes Prinzip selbst wieder ein Stück blinder Natur der Vorzeit: Im losgelassenen Vater, der sich Mutter Erde untertan macht, steht ein Stück archaischer omnipotenter Mutterimago wieder auf. Das Beherrschte, Unterdrückte, Verdrängte sucht als stereotypes, erfahrungsunfähiges Klischee, als ich-dystone zweite *Mater*ialität das Ich des Erdensohnes hinterrücks heim. Im Herzen des Überich taucht das eskamotierte Es auf, und das Ich kommt vom Regen seiner Naturverfallenheit in die Traufe der Überich-Sklaverei und zurück : Die Herrschaft des Subjekts über die Natur wird zur Herrschaft einer *zweiten Natur* über das Subjekt. Die von den Söhnen phantasierte und imitierte genitale Brutalität des Vaters gegen Frau Welt wiederholt und überkompensiert nur die in die phallische Mutter der Frühzeit hineinprojizierte Aggressivität des frustrierten Kleinkindes. Nach Adorno, der voraussah, man werde ihm einen Ödipuskomplex nachsagen, weil er sich seinen Teil vom großen Mutterkuchen nicht nehmen wolle und die falsche Güterfülle abwehrend angeekelt zurückwies, muß die Ichstärke ausreichen, nicht wieder von der Natur zerstört zu werden, aber auch größer sein als die eines Ichs, das die Natur zerstören zu müssen glaubt, um nicht von ihrer auf sie projizierten Destruktivität zerstört zu werden. Der Geist, der Herrschaft sein muß, um nicht der Natur zu verfallen, sei zu wenig Geist: ein Stück Natur selbst noch. Diese Effeminierung des Geistes vor Frau Welt, die Adorno fordert, macht das Verhältnis zur Welt zu einem androgynen wie bei Bloch. Der Mensch vergewaltigt Mutter Natur, solange er in ihr den verborgenen Penis des bewunderten und gefürchteten Vaters bekämpft. Laut Adorno gilt es, den Big Brother mit dem Prinzip Vater abzuschaffen, aber nicht im Schoße der Mutter Natur, die dabei nur verwüstet werde.

Antike Binsenweisheit : "Es gibt im Menschenleben nichts Sicheres als Tod und Torheit." "Wenn das Löwenfell versagt, ist der Fuchspelz umzuhängen." "Knaben werden betrogen durch Würfel, Männer durch Eide." "Wenn Götter Menschen sind, sind Menschen Götter".

Schopenhauer und Freud

Arthur hasst den Vater, der ihn zum Kaufmann statt zum Gelehrten bestimmt, und liebt den Vater, dessen Erbe ihm ein sorgenfreies Gelehrtenleben ermöglicht: Erst der tote Vater wird ein guter Vater (und macht Schuldgefühle). Der depressive Vater erhängt sich, die lebenslustige Mutter ist nun frei, aber nicht für den depressiven Sohn, sondern für Hausfreund Gerstenbergh oder für Goethe in Weimar, und der Sohn ist frei vom verhassten Handelskontor. Um sich nicht als Vatermörder zu sehen, sieht Arthur seine flotte Mutter als Gattenmörderin, der er lebenslang vorwerfen wird, den Vater in den Tod getrieben zu haben, als der ihre Hilfe gebraucht hätte: „Das ist Weiberliebe!" Aber von der oberflächlich schriftstellernden Mutter will er die Intelligenz geerbt haben, vom aufgeklärt liberalen Vater Geld und den stets unglücklichen Liebeswillen.

Der Sohn identifizierte sich mit der Urteilskraft der Mutter, die in ihm nur eine „Puppe" sah, nicht mit der Willenskraft des Vaters, der seinen Lebenswillen verneinte. Arthur wird seine eigene Mutter, die er hasst, um sich als sein eigener Vater nicht umzubringen, aber wirft ihr vor, diesen umgebracht zu haben, um sich selbst und den Sohn vom bedrückenden Vater und für eine freie Schriftstellerexistenz zu befreien. Wie der Vater zu werden hieße für Arthur, die Mutter unglücklich zu lieben, sich um die Frau zu bringen und umzubringen. Arthur wird selbst die Mutter, um sie nicht unglücklich lieben zu müssen wie der Vater, und liebt den unglücklichen Vater, der er nicht wird. Männlicher Wille liebe immer unglücklich die Frau, die er geistesschaffend stets übertreffe.

Arthur Schopenhauer (1788-1860), Sohn eines reichen Kaufmanns und der Schriftstellerin Johanna Schopenhauer, wurde Philosoph gegen seinen Vater, der ihn zum Kaufmann bestimmt hatte. Der frau- und kinderlose Misogyn und Misanthrop ist bekannt als metaphysischer Pessimist, der sich gegen Leibniz in der schlechtesten aller möglichen Welten leben fühlte. In seinem vierbändigen Hauptwerk „Die Welt als Wille und Vorstellung" versuchte er, Kant zu Ende zu denken : "Die Welt ist meine Vorstellung" und "Kein Objekt ohne Subjekt". Die Welt als Erscheinung ist den Individuationsprinzipien Raum und Zeit und dem kategorial entfalteten Satz vom zureichenden Grunde unterworfen, den subjektiven Möglichkeitsbedingungen der Erfahrung; sie erscheint uns nicht, wie sie an sich ist. Das *noumenale* Ding an sich hinter den Phänomenen nennt Schopenhauer einen *Willen*. Wie ein Lichtstrahl nur sichtbar wird an dem Gegenstand, an dem er sich reflektiert und den er dadurch sichtbar macht, so ist die Erscheinung die Brechung des Weltwillens an einem GegenStand, an dem er sich objektiviert. Das Ding an sich ist der apriorische Wille, der seiner subjektiven Erscheinung, seiner Brechung an einem Hindernis, vorhergeht. Nicht nur das Subjekt ist Wille, sondern auch sein Objekt ist ein objektivierter Wille, die in Raum und Zeit projizierte Ursache der subjektiven Empfindung. Das Subjekt stößt auf seinen Gegenstand, der Wille auf einen Gegenwillen, an dem er gebrochen wird und die Leidenschaft zu Leid macht. Wie mir im eigenem Körper mein Wille wie ein Objekt sinnfällig gegenübersteht, so schließe ich auch kausal von der vorgestellten Welt auf einen Willen dahinter, auf die Existenz der Außenwelt also, von mir auf andere(s). Im Menschen komme dieser blinde Weltwille nur zu sich selbst und damit potenziell zum Bewußtsein seiner selbst, während er in den Tieren,

Pflanzen und Dingen sich nur bewußtlos materialisiere und durchsetze. Es handelt sich um keinen freien Willen des Ich, sondern eher um das, was bei Freud als ich-dystones Es figuriert, als blinder somatischer Drang in psychischen Repräsentanzen, als libidinöse Triebregung. Das Subjekt bei Sch. nun sucht seinen Frieden durch Entsagung und Askese oder kluge Schmerztherapie, weil es von der Stärke seiner Triebwünsche und der versagenden Instanzen beunruhigt und eingeschüchtert ist. Der Sohn will die Mutter und trifft in der Frau auf den verbietenden Vater. Was vom Willen erscheint, was sinnlich manifest wird, ist seine Brechung und Unterdrückung : Leiden. Das Ich leidet an der Stärke seines Triebwillens, sofern es am versagenden Prinzip(al) leidet. Schopenhauer nun empfiehlt diesem Ich zu verzichten, statt zu leiden, d.h. zu verdrängen. Was die Welt im Innersten zusammenhält, ist der Wille aller, sich zu vereinigen, und das, was dem entgegensteht: der Vater. Der Gegenstand hinter dem mater-ialen Liebesobjekt, ja, *in* ihm, ist der GegenStänder des Vaters in der Mutter, sein Gegenwille gegen den inzestuösen Willen des Sohnes. Sobald der genitale Wille sich auch nur regt, sinnlich auf sein Objekt sich richtet, wird er leidvoll gebrochen, bricht er sich am Gegenwillen des Vaters im Schoße der begehrten Mutter. Der Wille wütet gegen sich selbst, d.h. im Ich wütet das Überich gegens Es, und was ist das Überich anderes als das Es des Vaters? Vielleicht wäre Frau Welt dem Menschen zu willen, nicht aber der Vater in ihr, der in ihr erscheint, sobald der Sohn sie sich vor-stellt. So bleibt es bei bloßer Vorstellung der Mutter Natur durch den Erdensohn. Das Ding an sich ist der Wille des Vaters in und hinter ihrem schönen Bild. Das Liebesobjekt ist an sich unerkennbar, weil es einem stärkeren Willen gehört und zu Willen ist. Der Geist unterdrückt die Willensregung, aber dieser Geist ist die Willensäußerung eines anderen – des Vaters im Sohne: Überich. Das Ding an sich, der kastrationsdrohende Unwille des väterlichen Realitätsprinzips, macht es für das Sohnessubjekt *unerkennbar*, biblisch wie epistemologisch.

Der Wille zur selben Frau ist in Vater und Sohn der gleiche – das Individuationsprinzip ist nur "Schleier der Maya", hinter dem der nackte analsadistische und oralkannibalische Bemächtigungswille sich verbirgt, verteilt auf zwei getrennte Personen, die sich gegeneinander aufgereizt fühlen und gerade darin Opfer derselben Leidenschaft sind für denselben Gegenstand. So ist jeder Wille, weil er am Gegenwillen des anderen leidet, eo ipso Wille zur Beseitigung des anderen und damit zur trostlosen Verewigung des Leidens und des Prinzips, nach dem man frißt und gefressen wird. Schopenhauer will freiwillig diese unselige Kette von Gewalt und Gegengewalt unterbrechen – durch Verzicht. Diese Entsagung soll nicht durch Triebunterdrückung zustande kommen, sondern durch Bewußtsein, philosophische Einsicht in den zwanghaften Wiederholungsmechanismus des Weltgetriebes. Dieses Bewußtsein soll den Bann des Wiederholungszwanges brechen, ohne nun gleich unbeschränkte Willensfreiheit zu bedeuten. Man hat Schopenhauer festnageln wollen auf diesen Widerspruch, gleichzeitig Herr und Opfer des präpersonalen Weltwillens zu sein. Freud hat gelehrt, wie diese scheinbare Inkonsequenz aufzulösen ist : Das Ich wird nicht Herr der Welt, gewinnt aber Einfluß auf seine verdrängten eigensten Regungen, statt sich weiter hinterrücks von einem unbewußten infantilen Mechanismus neurotisch bestimmen zu lassen. Schopenhauer gibt den Besitz der Mutter Natur in vollem resignativem Bewußtsein auf, jener Mutter, die unwiederbringlich und definitiv an den Vater vergeben und verloren ist.

Er verdrängt den Inzestwunsch nicht, um von seinem eigenen verdrängten Willen hinterrücks vergewaltigt zu werden, er drückt ihn aus, gibt ihn zu, gesteht das scheinbar interesselose Wahrheitsstreben als Erkenntnis-Willen ein – und verzichtet. Er gibt auf, was er zugibt – daß er Frau Welt "erkennen" "will", und bekanntlich ist Schopenhauer selbst ja alles andere als ein triebschwacher Kostverächter gewesen. Mit dem inzestuösen tötet er den kastrationsdrohenden, patri- und fratriziden Willen in sich ab, mit den libidinösen die aggressiven Neigungen. Da der Wille zum Leben den Willen zu seiner Reproduktion impliziert, sucht er der Verewigung des Bestehenden durch Keuschheit zu widerstehen und schüttet – da er Antikonzeptiva nicht kannte – die Potenz potenziell mit dem Kinde aus. In seiner "Metaphysik der Geschlechtsliebe" denunziert er die Ichdystonität des Triebes, die Lust als Arterhaltungstrick wie bei S. Freud. Während die Liebenden wähnen, ihren ureigenen individuellen Neigungen zu frönen, sei das künftige Kind bereits in jedem ihrer Worte und Gesten enthalten als seine geheime Bedeutung, und der "Geist der Gattung" bediene sich ihres erotischen Wahns nur, um über ihre Köpfe hinweg – gleichsam durch ihre genitale Lust hindurch – sein überindividuelles Ziel durchzusetzen : Leben zu erzeugen, um das Leid au verewigen. Eigentlich denunziert er weniger den Willen selbst als die Bedingungen, unter denen er gezwungen ist, sich zu äußern. Frau Welt wollen heißt am Vater leiden, am Willen eines anderen Individuums des gleichen Geschlechts. Alle wollen dasselbe und leiden, weil dieser allgemeine Wille auf viele Einzelwesen verteilt und objektiviert ist. Der Wille zu Mutter Natur trifft auf den Gegenwillen ihres Gatten in ihr, dem sie gehört, und nur deshalb auf ihren eigenen Unwillen. Die Mutter will nicht, weil der Vater in ihr nicht will, und schließlich überträgt sich der Haß des Sohnes auf den Vater auf die Frau selbst, aus der er spricht. Hinter Schopenhauers Verachtung der Frau verbirgt sich Angst vor der frühen *phallischen Mutter*, deren archaische Omnipotenz auf den Gegenwillen des Vaters in ihr transferiert ist, vor dem Schopenhauer den von ihm favorisierten Menschen kapitulieren läßt. Er verachtet die Frau, weil er den Phallus des Vaters in ihr fürchtet. Er setzt sie herab, um den Phallus in ihr zu depotenzieren und sieht nicht, daß er nolens volens die phantasierte Minderwertigkeit des Weibes mit einer maßlosen Überschätzung der Manneskraft erkauft, vor der er selbst resigniert zurückflüchtet in Träume von prägenitaler Subjekt-Objekt-Symbiose.

Diese Schuldängste des inzestuös-patriziden Willens lassen ihn regredieren auf die Stufe der willenlosen Todessehnsucht nach prä-ödipaler Mutter-Kind-Einheit im triebentspannten indischen Nirwana, das nur noch schizoidale Fusionslust bereitet. Der Mensch Schopenhauers verzichtet auf den Gebrauch seines Penis, um nicht kastriert zu werden, und kriecht unter den Rock einer allgütigen Mutter, taucht zurück in intra-uterine Paradiesphantasien, um Ruhe vor dem Vergeltungsprinzip und vor seinen eigenen Willensregungen zu finden. Er hat in jedem Wunsch die aggressive Gier, in jedem Bedürfnis den Mordanschlag und seine Rächung geahnt, gefürchtet und perhorresziert. Er hat gesehen, daß jeder durch seine Bedürfnisse an dem schuldhaften Weltzustand versklavt ist, durch jede Willensäußerung, unfreiwillig mitschuldig wird an der ruchlosen Weltordnung. Lieber hat er gar nichts als daran mitarbeiten gewollt. Das Nichts war ihm vor dem, was ist, Deckname des Besseren. Aber er hat dem Weltlauf ungewollt zuletzt doch rechtgegeben, wenn er den Willen statt die Welt diskreditierte, die ihn leiden läßt. In den künstlerischen Objektivationen kommt für Schopenhauer, wenngleich nur intermittierend, der unselige Wille zum Fressen und Nichtgefressenwerden zum Stillstand. Besonders der Musik traut er zu, das Wesen des Weltwillens auszudrücken, ohne ihm zu verfallen. Das trifft sich mit dem psychoanalytischen Verständnis der Musik als Mittel gegen drohende Paranoia, gegen die persekutorisch böse Mutterimago, die auf den gewalttätigen Vater projiziert war und nun zur Mutter zurückzukehren droht, um das Bild des reinen guten Nichts zu zerstören, in dem Schopenhauer sich auflösen will. Selbstmord lehnt er als Sieg des Willens ab, der nur seine individuelle Gestalthülle ablege und im Suizidenten sich aus einer seiner Individuationen in sein ewiges Leben wieder zurückziehe, um neues Leid zu gebären: der Tod des Einzelnen ist ja Leben und Sieg des Weltwillens. Was aber will alle Welt? „Der Zeugungsakt verhält sich ferner zur Welt, wie das Wort zum Rätsel ... Alles (ist) nur die Erscheinung des Willens zum Leben; und die Konzentration, der Brennpunkt dieses Willens, ist der Generationsakt. In diesem Akt also spricht das innere Wesen der Welt sich am deutlichsten aus. Es ist, in dieser Hinsicht sogar beachtenswert, daß er selbst auch schlechthin "der Wille" genannt wird, in der sehr bezeichnenden Redensart: er verlangte von ihr, zu sollte ihm zu Willen sein. Als der deutlichste Ausdruck des Willens also ist jener Akt der Kern, das Kompendium, die Quintessenz der Welt. Daher geht uns durch ihn ein Licht auf über ihr Wesen und Treiben : er ist das Wort zum Rätsel. Demgemäß ist er verstanden unter dem *Baum der Erkenntnis* ..."

Wenn aber nach Schopenhauer Leben Leiden ist, dann ist es eine Kette vereitelter Koits. Der Akt als Glück ist für S. unmöglich, weil er als Mutterinzest phantasiert ist. Dieses Individuum, diese besondere

Mutter, die seine, ist an den Vater vergeben, beide taten sich zusammen, um das Individuum Arthur S. zu schaffen : Damit ist sie als Individuum für das Individuum Arthur gestorben, der an eine andere Frau verwiesen ist, an den „Geist der Gattung", an den Vater, der von der Mutter weg auf andere Frauen verweist.

Schopenhauer ist der erste Philosoph, der im geistig Allgemeinen den allen gemeinsamen, gemeinen niederen Trieb zur Fortpflanzung der Individuen sah. Die begriffliche Gattung ist hier eindeutig als Frucht der Begattung der darunterfallenden Exemplare begriffen. Die Individuen werden geboren und sterben, was bleibet aber, ist ihre Gattung. Die differentia specifica, die genitale „petite différence", verschwindet im logischen genus proximum, der nächsten Generation, den Nachkommen gleicher Gattung. Individuen kommen, zeugen ihresgleichen und gehen. Der Tod der Individuen ist das Leben der Gattung, die sich reproduziert durch den Untergang ihrer individuierten Werkzeuge hindurch, worin für Schopenhauer gerade die ganze Trostlosigkeit des Weltlaufs liegt, die Selbstverewigung des Ganzen durch das perennierende Opfer seiner Bestandteile. Wenn schon an diesem Schicksal des Individuums nichts zu ändern ist, für den Fortbestand des Allgemeinen nur verheizt zu werden, sei es besser, sich der Zeugung zu versagen, der Wiederholung des Leidens ad infinitum. Lieber gar nicht leben als so, und für Schopenhauer ist keine Einrichtung der Welt denkbar, in der Individuum zu sein nicht Leiden, Langeweile und schließlich Tod bedeutet, Wenn es keine andere Welt gibt als diese, die er für nicht änderbar hält und in der der Einzelne nicht anders kann, als von Not erschlagen zu werden, und Kinder zu zeugen, die wiederum Kinder in das gleiche Elend entlassen, dann liege die Utopie in der Abtötung des Fortpflanzungswunsches, in der

Verneinung des Lebenswillens überhaupt : Im Tod zu Lebzeiten, in der Askese als sublimierten Suizid. In der Gründung einer Familie sieht Schopenhauer den größten metaphysischen Opportunismus, einen Erzverrat am Menschen. Zeitbedingt dabei ist seine Unfähigkeit, den Sexualtrieb von seiner Fortpflanzungsfunktion abzukoppeln und in den Dienst des Individuums statt der Gattung zu stellen. Er reiht Lust und Geschlechtstrieb nicht anders unter die Trickprämien der Arterhaltung ein als Freud selbst, der hier von Schopenhauer sogar beeinflußt sein mag. Urbild des logischen Gattungsbegriffs ist laut S. die menschliche Gattung, und Aufstand des Individuums gegens Allgemeine und Übersinnliche ist der Verzicht aufs sinnlich Gemeine, weil die Gattung mit der Begattung stirbt, während das übersinnlich Ewige nur die Verewigung des Sinnlichen sei. Für Schopenhauer ist sehr tiefsinnig gerade das Sinnliche selbst das Übersinnliche und Unvergängliche, „die Gattung die in der Zeit auseinandergezogene Idee" Platos. Die wahre Individualität bestehe darin, das Überindividuelle nicht in die Welt zu setzen, also mit einem neuen Ich nicht das Überich zu bestätigen. Die Liebe wird geschmäht als „Wahn, welcher dem Dienste der Gattung die Maske eines egoistischen Zwecks vorsteckt".

Vom „Geschlechtsverhältnis" wird gesagt, daß es „der unsichtbare Mittelpunkt alles Tuns und Treibens ist, aller ihm übergeworfenen Schleier überall hervorguckt. Er ist die Ursache des Krieges und der Zweck des Friedens, die Grundlage des Ernstes und das Ziel des Scherzes, die unerschöpfliche Quelle des Witzes, der Schlüssel zu allen Anspielungen und der Sinn aller geheimen Winke, aller unausgesprochenen Anträge und aller verstohlenen Blicke, das tägliche Dichten und Trachten der Jungen und oft auch der Alten, der stündliche Gedanke der Unkeuschen und die gegen seinen Willen stets wiederkehrende Träumerei des

Keuschen, der allezeit bereite Stoff zum Scherz, eben nur, weil ihm der tiefste Ernst zum Grunde liegt. Das aber ist das Pikante und der Spaß der Welt, daß die Hauptangelegenheit aller Menschen heimlich betrieben und ostensibel möglichst ignoriert wird. In der Tat aber sieht man dieselbe jeden Augenblick sich als den eigentlichen und erblichen Herrn der Welt, aus eigener Machtvollkommenheit, auf den angestammten Thron setzen und von dort herab mit höhnenden Blicken der Anstalten lachen, die man getroffen hat, sie zu bändigen … Dies aber stimmt damit überein, daß der Geschlechtstrieb der Kern des Willens zum Leben, mithin die Konzentration alles Wollens ist; daher eben ich im Texte die Genitalien den Brennpunkt des Willens genannt habe. Ja, man kann sagen, der Mensch sei konkreter Geschlechtstrieb; da seine Entstehung ein Kopulationsakt und der Wunsch seiner Wünsche ein Kopulationsakt ist, und dieser Trieb allein seine ganze Erscheinung perpetuiert und zusammenhält." (Sogar der Selbsterhaltungstrieb des Individuums wird von Schopenhauer als Instrument des Gattungstriebes gedeutet.) Da wird dann „im Geschlechtstriebe der Wille zum Leben gewissermaßen transzendent, indem sein Bewußtsein sich über das Individuum, welchem es inhäriert, hinaus, auf die Gattung erstreckt." – „Der Geschlechtstrieb ist anzusehen als der Innere Zug des Baumes der Gattung, auf welchen das Leben des Individuums sproßt." („Die Welt als Wille und Vorstellung")

Da bei Schopenhauer der Wille die Substanz ist, deren bloße Akzidenz das Bewußtsein darstellt, ist es plausibel, dass er gut patriarchalisch den Willen durch den Vater, den Intellekt durch die Mutter vererben läßt. Analytisch gewendet, erhält das Kind also Es und Überich vom Vater, die Ichfunktionen von der Mutter. Das ist konsequent, wenn man bedenkt, daß das Ich so passiv effeminiert vor der Übermacht der Primärprozesse und der familienväterlichen Moral steht wie die Frau vor ihrem Gatten im 19. Jahrhundert. Dieses Ich bei Schopenhauer fühlt sich nicht sehr stark in seiner Vermittlerrolle zwischen Es und Überich, also gegen seinen Vater. Recht homosexuell ist dieses Ich eher mit der Mutter identifiziert, statt sich wie der Vater auf sie als Sexualobjekt zu richten. Wenn Schopenhauer also schließlich den Willen abschwört, also den sexuellen Objektbeziehungen, wenn er sich also weigert, sein eigener Vater zu werden, dann will er eher die Mutter sein als sie erobern. Setzt er nicht Bücher in die Welt wie Frauen ihre Kinder, ganz zu schweigen davon, dass seine Mutter selbst eine zudem erfolgreiche Schriftstellerin war.

Sobald Kants Ding-an-sich, als Geschlechtswille gedeutet, selbst sinnliches Objekt wird, enthüllt es sich als die Geschlechterfolge von Vorfahren und Nachkommen, als Sukzession von Individualitäten, "die nur ein Ganzes bilden, um neue Individuen zu schaffen, ad infinitum." Raum und Zeit und Kausalität sind für Sch. die einzigen Formen des *Auseinander*: Nebeneinander und Abstammung. Ein jedes steht nicht nur außerhalb des anderen, sondern entsteht aus dem anderen. Das „*Auseinander*" ist Gegeneinander und/oder Nacheinander. *Dass* ein Objekt die Ursache meiner Vorstellung von ihm ist, ist eine Wirkung meiner Vorstellungskraft. Das Ding an sich kann nicht die Ursache meiner Vorstellung von ihm sein, da Ursächlichkeit selbst nur subjektive Vorstellung ist. Die Projektion einer äußeren Ursache meiner Empfindungen durch Anschauung ist nur subjektive Vorstellung: Kausalität. Wir stellen uns den Lebenswillen vor zwischen getrennten Individuen, die geschlechtlich nebeneinander liegen und kausal generativ auseinander folgen und hervorgehen. Sukzession der Geschlechter, eins folgt auf das andere weil aus dem anderen. An sich ist Es räum- und zeitlos a-kausal. Wille stößt auf Widerwille, bis der Unwille lieber willenlos wird.

„Ich nehme daher wirklich an, obwohl es nicht zu beweisen ist, daß Kant, so oft er vom Ding an sich redete, in der dunkelsten Tiefe seines Geistes, immer schon den Willen undeutlich dachte." (*Arthur Schopenhauer* : „Die Welt als Wille und Vorstellung", Stuttgart 1919, S. 668).

Wenn Schopenhauer recht hat und Kant mit Hilfe der Anschauung und Vernunft immer schon nur den Geschlechtswillen erkennen wollte, wie er das *Mannigfaltige der Anschauung in einer Synthesis des Verstandes* verbindet und wie die Individuen kausal auseinander folgen, dann haben beide, Kant wie Schopenhauer, diesen generativen Weltwillen persönlich beide verfehlt : Beide blieben ewige Junggesellen, und Kant ersetzte außerdem den Familiarismus der Gattungsbegriffe durch Mathematik, die zählt, ohne zu erzählen.

Erst wenn der „Erkenntnistrieb" den Dienst am Willen aufkündigt, beginnt für Schopenhauer das menschenmöglichste Paradies auf Erden :

„Dieses intellektuelle Leben schwebt, wie eine ätherische Zugabe, ein sich aus der Gärung entwickelnder wohlriechender Duft, über dem weltlichen Treiben, dem eigentlich realen, vom Willen geführten Leben der Völker, und neben der Weltgeschichte geht schuldlos und nicht blutbefleckt die Geschichte der Philosophie, der Wissenschaften und der Künste" und nicht der Religionen. („Parerga und Paralipomena" II, Erster Teilband, Kapitel 3, § 52)

Schopenhauers größter Schüler Nietzsche verhöhnte das tiefe Gefälle zwischen dem *letzten Menschen* und dem *Übermenschen*, zwischen modernem *Bildungsphilister* und aristokratischem Kulturideal selbst im modernen Sklavenarbeiter :

„*Der unmögliche Stand.* - Arm, fröhlich und unabhängig! – das ist beisammen möglich; arm, fröhlich und Sklave! - das ist auch möglich, - und ich wüßte den Arbeitern der Fabrik-Sklaverei nichts Besseres zu sagen: gesetzt, sie empfinden es nicht überhaupt als *Schande,* dergestalt, wie es geschieht, als Schrauben einer Maschine und gleichsam als Lückenbüßer der menschlichen Erfindungskunst *verbraucht* zu werden! Pfui! zu glauben, daß durch höhere Zahlung das *Wesentliche* ihres Elends, ich meine ihre unpersönliche Verknechtung, gehoben werden könne! Pfui! sich aufreden zu lassen, durch eine Steigerung dieser Unpersönlichkeit, innerhalb des maschinenhaften Getriebes einer neuen Gesellschaft, könne die Schande der Sklaverei zur Tugend gemacht werden! Pfui! einen Preis zu haben, für den man nicht mehr Person bleibt, sondern Schraube wird! Seid ihr die Mitverschworenen in der jetzigen Narrheit der Nationen, welche vor allem möglichst viel produzieren und möglichst reich sein wollen? Eure Sache wäre es, ihnen die Gegenrechnung vorzuhalten: wie große Summen *inneren* Wertes für ein solches äußerliches Ziel weggeworfen werden! Wo ist aber euer innerer Wert, wenn ihr nicht mehr wißt, was frei atmen heißt? Euch selber nicht einmal notdürftig in der Gewalt habt? eurer wie eines abgestandenen Getränkes allzu oft überdrüssig werdet? nach der Zeitung hinhorcht und den reichen Nachbarn anschielt, lüstern gemacht durch das schnelle Steigen und Fallen von Macht, Geld und Meinungen? wenn ihr keinen Glauben mehr an die Philosophie, die Lumpen trägt, an die Freimütigkeit des Bedürfnislosen habt? wenn euch die freiwillige idyllische Armut, Berufs- und Ehelosigkeit, wie sie recht wohl den Geistigeren unter euch anstehen sollte, zum Gelächter geworden ist? Dagegen die Pfeife der sozialistischen Rattenfänger immer im Ohre tönt, die euch mit tollen Hoffnungen brünstig machen wollen? welche euch heißen, bereit zu sein und nichts weiter, bereit von heute auf morgen, so daß ihr auf etwas von außen her wartet und wartet und in allem sonst lebt, wie ihr sonst gelebt habt, - bis dieses Warten zum Hunger und zum Durst und zum Fieber und zum Wahnsinn wird, und endlich der Tag der *bestia triumphans* in aller Herrlichkeit aufgeht?" (*Friedrich Nietzsche*)

Zukunftsträchtigkeiten der Tradition

Sokrates ließ andere wissen, daß sie nichts wissen. Er tat so, als nähme er anderen ihr Bescheidwissen ab, und ließ darin durchblicken, daß er selbst nicht mehr zu wissen beanspruchte, als daß andere nicht wissen, was sie zu wissen glauben und zu wissen vorgeben. Später tat Kierkegaard das mit dem christlichen Glauben, was Sokrates mit dem begrifflichen Wissen tat. Nach *Platon* soll der Kopf nicht in den Dienst von Bauch und Unterleib treten. Es komme nicht darauf an, Geist zu haben, um materiell versorgt zu sein, sondern umgekehrt materiell versorgt zu sein, um Geist entwickeln zu können. Die Welt soll teilhaben an den fixen Ideen, die Plato gegen die schwankende öffentliche Meinung entwickelte, und sich diese guten Ideen zum Vorbild nehmen.

Wer keine eigenen Ideen hat und nicht auf eigene Ideen kommt, kann die Natur den mathematischen Formeln unterwerfen.

Aristoteles wollte eine *Entelechie* sein, die ihr Ziel ganz in sich selbst hat und sich von keinen Big Brothers steuern läßt. Real sei nur das Individuum, das Individualist werde : Die Allgemeinheit stecke im Individuum, das Individuum aber nicht im Allgemeinwohl. Eine Potenz ohne Akt ist nur eine abstrakte Naturanlage, ein Akt ohne leibhaftige Potenz ist nur ein Traumbild. Der Geist bringt den Stoff in Form.

Macht haben wir nach Ansicht des proletarischen Stoikers *Epikur* weniger über die Dinge selbst als nur über unsere Ansichten von den Dingen. Deshalb sei es leichter, materielle Bedürfnisse aufzugeben, als sie durch Herrendienste sich zu befriedigen. Je mehr Bedürfnisse einer hat, desto mehr muß er Menschen dafür dienen.

"Jochen Böhme, der Schuster und verwirrte Enthusiast und Phantast". Der Bauernsohn *Jakob Böhme* (1575-1624) wurde wegen seiner schwächlichen Konstitution nicht Bauer, sondern Schuster und ernährte seine Familie durch seinen proletarischen Beruf. Er ist einer der ganz wenigen europäischen Philosophen, der Weib und Kind und einen proletarischen Beruf hatte. Sein mystischer Voluntarismus ist fast so erotisch getönt wie die Willensmetaphysik Schopenhauers, aber im Unterschied zu dem misanthropischen Rentier ist er weder Hagestolz noch Antisemit. Er versteht das Christentum als Lehre von der Menschwerdung des Arbeitstiers, von der Geburt der menschlichen Natur aus dem Geiste Gottes und der Mutter Natur zugleich. Franckh und Böhme fanden beim deutschen Adel mehr Anklang als bei der Kirche und beim Bürgertum. Böhmes Verbindung von Schuster, Familienvater, Christ und Philosoph war einzigartig, von Hegel immerhin erkannt und anerkannt. Er entdeckte den Widerspruchsgeist und das Nein als progressiv treibende Kräfte in der Natur Gottes selbst, als Vertreibung aus dem Paradies des Mutterleibes. Ein proletarischer Philosoph war Jakob Böhme als kinderreicher Christ und lehrte die Geburt des Menschen aus dem Geiste Gottes und der Natur. Geist ist immanenter Widerspruchsgeist, das schöpferische Nein im Sein selbst : Der Mensch als ewiges Nein auf zwei Beinen. Auch Bloch stimmte ihm zu.

Für *Pascal* ist der Mensch ein *denkendes Schilfrohr* zwischen dem All und dem Nichts: Das All verschlingt den Körper, das Denken umfaßt das All. Pascals Werk ist eine Sammlung paradoxer Aphorismen voll dialektischer Rhetorik. Wenn die Menschen nicht zu überzeugen sind, sollen sie überredet werden. Sie sollen sich geschlagen geben, wenn nicht durch *esprit de géometrie*, dann durch den *esprit de finesse*.

Was mich zum Menschen macht, ist nach *Descartes* der Geist und nicht der Körper. Wer nicht nachdenkt, ist kein ganzer Mensch. Das Materielle soll sich in den Dienst des Geistes stellen und nicht umgekehrt der Geist dem Unterleib dienen. Durch Analyse von Komplexen gewinnt jeder klare und deutliche und dann kombinierbare Vorstellungen.

Spinoza: Sofern wir leiden, stimmen wir nicht von Natur überein. Kein Ding kann gut oder schlecht sein, wenn es nichts mit uns gemeinsam hat. Ein Affekt kann nicht anders gehemmt werden als durch einen entgegengesetzten stärkeren Affekt. Die Macht, mit der ich existiere, wird unendlich übertroffen von äußeren Ursachen – Der Geist erkennt sich selbst nur, sofern er die Ideen der Körperregungen erkennt.

Der Pantheist Spinoza führte eine proletarische Existenz als Brillenglasschleifer. Er lebte vom Glasschleifen und nicht für das Glasschleifen, er lebte für die Philosophie und nicht von der Philosophie. Böhme und Spinoza starben beide früh, der eine mit 49 Jahren an einer Unterleibskrankheit, der andere mit 44 Jahren wie seine Mutter an der physischen wie metaphysischen Schwindsucht. Mystische Naturphilosophen waren beide, aber Böhme hielt am biblischen Vatergott fest, während Spinoza Mutter Natur vergötterte, dieses „ethische" Denk-Mal für seine tote Mutter.

Die Masse und materielle Dinge sind unendlich teilbar und zerlegbar, das menschliche Individuum nicht : Also ist nach *Leibniz* das monadische Individuum ebenso immateriell wie der Geist ein Individualist. Wir leben in der besten aller möglichen Welten, wenn wir die Erde im Vergleich zum Universum betrachten. In jedem Einzelnen spiegelt sich das Ganze aller Individuen auf jeweils besondere Weise und in ihrer „prästabilierten Harmonie" jedes Individuum.

Kant : Die Sinnlichkeit differenziert, der Verstand integriert ad infinitum. Transzendentale Ästhetik und (Psycho-)Analytik sind apriorisch infinitesimale Denkformen vor jeder Erfahrung mit Mutter Natur. (Schopenhauers Werk ist eine brauchbare Analyse der „Kritik der reinen Vernunft" Kants.)

Der proletarische Autodidakt *S. Maimon* sah nicht erst das Ganze aller Naturobjekte als eine bloß regulative Idee, sondern à la Leibniz bereits jedes Ding an sich als bloße Idee fortschreitend unendlicher Erfahrung mit diesem Ding. Maimon verließ in Polen Weib und Kind, um sich in Berlin aufklären zu lassen. Er ließ sich scheiden und von frommen Reichen freihalten, die ihre Hand von ihm zogen, als er sich nicht zum Apotheker ausbilden lassen wollte. Einen Goethe pumpte er vergeblich an. Ein Adliger lud ihn schließlich zu sich auf seine niederschlesischen Güter ein, wo er freie Kost und Logis hatte. Zwischen Maimonides und Leibniz vermittelnd, griff er die Unerkennbarkeit des Kantischen Dinges-an-sich an und starb als Alkoholiker mit erst 47 Jahren. Er war einer der scharfsinnigsten Philosophen, schlug sich proletarisch durch und war schon mit elf Jahren Ehemann und mit vierzehn Jahren Vater gewesen. – Idealist als Aufklärer?

Fichte wurde der Sartre des 19. Jahrhunderts. Sinnlichkeit bringt Vielfalt, Vernunft bringt Einfalt hinein: Also sind beides bloße Denkformen. Die Dinge sind nur die Anstöße für die unendlich reflexive Selbstdifferenzierung des Ich zu einer Welt. Gott ist die Selbsterzeugung der Welt im ab-soluten Ich.

Schelling: Urseyn ist *unvordenkliches Wollen*. Erst war ihm der Geist zentripetal und die Materie zentrifugal, später drehte Schelling beides um, als er die Schwerkraft der Materie betonte und das Licht der Vernunft (die aber eine zweite Natur habe, also eine Schwerkraft zweiter Potenz).

Hegel aber war der geistreichste unter denen, die alles andere als geistreich sein wollten. Die Gedanken Hegels in der Sprache Chestertons wären das Wahre. Hegel oder Schlegel war „Rameaus Neffe" in der Philosophie, bei Marx wird er es wenigstens. Sich eine Grenze setzen heißt auch schon, sie überschritten zu haben. Die dialektische Ur-Triade ist die Familie aus Vater, Mutter und Kind. Menschwerdung heißt Vertreibung aus dem Paradies der Tiere und Untiere.

Marx lehnte es ab, seine göttliche Berufung als Philosoph der proletarischen Befreiung einem bürgerlichen Brotberuf zu opfern und ließ seine Familie durch seinen Freund, den Fabrikanten Engels, ernähren. Seine adlige Frau und Unternehmerfreund Engels ließen ihn ein typischer Bismarckdeutscher bleiben. Die Familie Marx lebte in London am Rande der Armutsgrenze, aber Engels griff mit seinen Fabrikeinnahmen immer wieder helfend ein, so daß sich Marx auch geistig nie von seinem Brotherrn lösen konnte. Die schlagenden dialektischen Volten und die rhetorisch antithetische Brillanz des jungen Karl Marx bis 1848 wiegen die *ökonomische Scheiße* des „Kapital" auf. Sein Geschichtsmaterialismus ist das Vermächtnis des Bürgertums ans Proletariat. "Kommunistisches Manifest", „Deutsche Ideologie" und der „18. Brumaire" sind Höhepunkte. Die Frage nach dem materiellen Interesse gehört zu jedem Proletarismus der Zukunft ebenso wie die Frage nach der proletarischen Philosophie der proletarischen Sozial- und nicht nur Kulturrevolution. (Der Proletarier muß wie Weitling die Theorie der Revolution selbst entwickeln.)

Sören *Kierkegaard* wollte sein Leben nicht nach rückwärts leben und nicht nach vorwärts verstehen. Das Existenzielle, das er gegen Hegels Weltvernunft mobilisierte, war die Begriffsstutzigkeit seines Buckels, der so unendlich in sich reflektiert war wie Hegels Allgemeinbegriffe. Die sexistenzielle Impotenz dieses Buckels und triebschwachen Körpers bremste Hegels Vernunft wie bei Marx das Materielle. Das Materialistische bei Kierkegaard ist sein kranker Leib. Dieser Anti-Hegelianer wußte, daß er gar nicht gläubig war, und glaubte, daß auch andere sogenannte Christen nur zu glauben glaubten, wie Sokrates es vom Wissen sagte. „Hatte Paulus Amt, Frau und Kind? Aber dann war er ja kein richtiger Christ!"

Die von antiken Zitaten gesättigte Sprache *Schopenhauers* übersetzt Kants Schulchinesisch ins Deutsche, und siehe, das Ding an sich ist Libido, das Es ist raumzeitlos und a-kausal. Die stoischen „Aphorismen zur Lebensweisheit" empfehlen weder Suizid noch Askese, sondern Ehe- und Kinderlosigkeit eines privatgelehrten Hagestolzes, der lieber buddhistischer Paranoiker als Kirchenchrist sein möchte.

Der an den französischen Moralisten geschulte aphoristische Antichrist *Nietzsche* war selbst, wie er Jesus sah, und wollte doch das genaue Gegenteil dieses vermeintlichen *décadent* sein, das Gegenteil einer pazifistisch weltängstlichen Mimose. Der geistesadlige Pastorensohn kultivierte sein tiefes Ressentiment gegen die vermeintlich christlichen Ressentiments.

Wittgenstein und *Benjamin* wurden großbürgerlich geboren und zogen für den größeren Teil ihres Lebens eine freiwillige proletarische Existenz vor. Der eine verlor sein väterliches Erbe, der andere verschenkte es. Wittgenstein schlug sich auch als Klostergärtner und Krankenpfleger durch; Benjamin lebte unter drückenden Bedingungen bis zum Untergang Deutschlands als freier Schriftsteller, der von Adorno und Horkheimer nicht ausreichend unterstützt wurde. „Teddy" Adorno brachte oft nur auf den Begriff, was bei Benjamin konkreter erlebt war. Benjamin suchte den dialektischen Materialismus in den Dienst des biblischen Messianismus zu stellen und stellte doch nur den kabbalistischen Chassidismus in den Dienst eines brecht-vulgären Stalinismus.

Ernst Blochs Hoffnung auf die Magna Mater ist nur Rohmaterial für eine Psychoanalyse seines Denkens. Aber der „Esperantismus" seiner biblischen Exodus-Philosophie ist in Schutz zu nehmen vor der *mater*ialistischen Verstopfung. Bloch und Adorno waren beste Systematiker des Antisystematischen.

Jaspers entwickelte die existenzprofessorale Psychiatrie einer moribunden Existenz à la Kierkegaard. Seine Bronchiektasie und Kierkegaards Buckel verbanden sich zu einer „Existenzphilosophie" gegen alle bloße Weltvernunft der gesunden Allgemeinheit. Jaspers war der Philosoph der westlichen Demokratie gegen alle Sozialismen. Er professionalisierte Kierkegaards „Grenzsituationen" ebenso, wie Adorno das mit Benjamins Epiphanien machte. Und Existenzphilosophie wurde ziemlich anti-sexistenziell in Deutschland.

Adornos beispiellose dialektische Reflexivität und angriffslustige Differenziertheit ermuntern den Weg vom individualistischen Intellektuellen zum genuin proletarischen Philosophen gegen die großen Massen und ihr Allgemeinwohl. Sollte man also lieber gleich Benjamin lesen als ihn von Adorno auf den akademischen Begriff bringen lassen?

Der kraftvoll polemische Realismus von *Hannah Arendt* verteidigt wohltuend die amerikanische gegen die französische und sogenannte russische Revolution.

Der spätere Marxist *Sartre* gab seinen Beamtenstatus als Lehrer auf; das Bürgertum in aller Welt wußte schon, was es an ihm hatte, und überschüttete ihn mit Geld und Ruhm. Sartre selbst lebte bescheiden und unterstützte notleidende Kollegen sehr großzügig.

Nach Sartre hat jeder einzelne Arbeiter etwas aus dem zu machen, was die Allgemeinheit aus ihm gemacht hat, er hat sich selbst in seinem Wesen zu erfinden und ist nicht mehr als der Ausweg aus einer Falle.

Die cartesianische Eleganz des französischen Existenzialismus von Sartre und der ethnologische Familiarismus von Strukturalist *Lévy-Strauss* müssten besser koalieren.

Bei Hedwig *Conrad-Martius* (1888-1966) ist nicht erst jeder Mensch, sondern schon jedes Naturding eine Resultante aus zwei Urkräften, der „Selbstenthebungspotenz" hinaus ans Licht der Welt und der Vernunft auf der einen Seite und andererseits die zentripetale „Selbstversenkungsdynamis" zurück in die eigene Schwere.

Philosophen, Sophisten und Philosophisten

Platon ging gekrümmt wie Lichtenberg, Kant, Hegel und Kierkegaard. Sein größter Schüler Aristoteles war glatzköpfig und kurzsichtig, magenleidend und stutzerhaft gekleidet. Er hatte einen Spitzbauch, dünne Beine und einen Sprachfehler. Sokrates soll körperlich ebenso fit wie urhässlich gewesen sein. In Platons Dialog "Euthyphron" fragt Sokrates, ob Götter etwas billigen, weil es heilig sei, oder ob es heilig sei, weil die Götter es billigen. Das ist bereits die Frage nach dem Universalienrealismus oder Nominalismus: Zwischen Thomas von Aquin und Duns Scotus, zwischen Konzeptualismus und Voluntarismus, zwischen Essentialismus und existenzialistischem Dezisionismus ist zu entscheiden. Der Dialog "Phaidon" fragt schon nach dem Wert der Erfahrung für die Wahrheit, des Experimentes für die Theorie. Wenn Ideen das einzig Wahre wären, könnten sie durch 'sichernde Erscheinungen' nicht mehr verifiziert oder falsifiziert werden. Sind sinnliche Phänomene fähig, Ideen zu bestätigen oder zu widerlegen, müssen sie mehr sein als ein trüber Abklatsch dieser Ideen im Kopf.

In dem von Hegel so bewunderten Dialog „Parmenides" trifft der junge Sokrates mit dem eleatischen Liebespaar Zenon und Parmenides zusammen, die seinem Idealismus die Widersprüche vorrechnen. Wenn es stimmt, daß Einzeldinge an den Ideen teilhaben und sie wenn auch unvollkommen nachahmen, dann muß es von Teilhabe (Methexis) und Nachahmung (Mimesis) selbst wieder vollkommene Ideen geben und eine real existierende Kümmerform. Das ist das Argument 'Dritter Mann' : Was Idee und Wirklichkeit verbinden sollte, trennt sie voneinander, und dieser Widerspruch soll Sokrates bewogen haben, die Ideenlehre aufzugeben, um sich nur noch der Moral, Ästhetik und Selbsterkenntnis zu widmen. Plato war kein Idealist, die Ideenlehre des jungen Sokrates war pythagoreisch. Die mathematische Formel für einen Kreis ist stets vollkommen, nämlich die reine Anweisung, wie real existierende Kreise auf Papier gemalt werden, die nie ganz perfekt geraten. Im späten Dialog „Timaios" setzt Plato die vier Elemente der Welt nicht aus den materiellen Atomen Demokrits zusammen, sondern aus regelmäßigen geometrischen Körpern, aus Kombinationen von halbquadratischen Dreiecken und halben gleichseitigen Dreiecken. So wird z.B. die Erde zum geworfenen Würfel. Die Ideen, das Wesen der Dinge, sind für Plato weder Zahlen noch abstrakte Begriffe, sondern anschauliche geometrische Körper, also mathematisch im Raum rekonstruierbar.

Der Platonismus war philosophischer Kubismus, und *Wesensschau*Spieler Husserl muß Platonist gewesen sein, also Cartesianer, und Kant hat das über Leibniz adaptiert. Sinnlich wahrnehmbar seien räumlich konstruierbare Idealmaße und die Welt ein schöner Männerkörper. Platons Ideenlehre entstammt pythagoreischer Mathematik der orphischen Gynaikokratie, und sie ist bereits das mathematische Modell einer physikalischen Wissenschaft. Die Zahlenreihe läßt Platon bei Null beginnen, und die Differenzialrechnung von Newton und Leibniz beginnt damit, daß eine Linie durch Bewegung eines Punktes entsteht. Archimedes von Alexandria näherte sich dem Infinitesimalkalkül noch einen Schritt weiter, als er unregelmäßige Flächen in immer größerer Annäherung als Summe immer kleinerer Dreiecke bestimmte. Eudoxus hatte dem vorgearbeitet durch seine Methode der Ausschöpfung von Flächen durch immer mehr Dreiecke.

Die Mater-ie war für Plato ebenso inexistent wie unerkennbar und böse. Jedes Wesen gehe an einem je besonderen Übel zugrunde, die menschliche Seele aber werde immer stärker, je ungerechter sie sei: also sei sie unzerstörbar und ewig. Die Erkenntnis sei pränatale Anamnese, psychoanalytische Wiedererinnerung an die Idee unserer Eltern, uns leibhaftig in die Welt zu setzen.

Metaphysik sei Wahrheit, Physik nur Wahrscheinlichkeit. Demokritos und Platon, die beiden großen Stilisten : Nichts sei wahr als der leere Raum und die A-tome oder die geometrisch idealen Körper, alles andere sei bloße Meinung. Platons Ideen waren geometrische Körper, Demokrits Atome waren spekulative Ideen. In jeder Kunst stecke so viel Wissenschaft, wie Mathematik in ihr anzutreffen sei, meinte Kant gut platonisch. "Die menschlichen Angelegenheiten sind großer Beachtung nicht wert."

„Ihr Athener habt den Sophisten Sokrates hinrichten lassen." (Aischines) *Sokrates* war eine proletarische Idee des Aristokraten Plato, und sein Leben war die komödiantische Inszenierung seiner eigenen Tragödie und die tragische Performance seiner Buffonnerie. Jeder müsse wissen, was er will, und das sei gut. Tugend ist lehrbar und lernbar : Kein gerechtes Leben ohne richtige Überzeugungen. Jeder verstehe sich nur auf das, was er wirklich versteht, sagte der *Menschenprüfer*. Wenn ich will, was ich weiß, kann ich wissen, was ich will. Den Sophisten warf er vor, Geld für Geist zu nehmen, lebte aber selbst nicht vom Steinmetzen, sondern von aristokratischen Freunden. „Der Gott hat mir aufgetragen, Geburtshilfe zu leisten, doch zu gebären hat er mir versagt." Er war weder eine gebärende Frau noch ein zeugender Mann. Lebenswert werde ein Leben erst durch das Denken. Von Platon sind so wenige Schriften verschollen, wie von seinen sophistischen Gegnern überliefert sind, nämlich fast keine. Im Grunde war er genau jener *Sophistes* selbst, den er erledigen wollte, und die Sophistik war genau jene Philosophie selbst, die sich für ihre totengräberische Überwindung hielt.

„Die Philosophie muß überhaupt damit anfangen, eine Verwirrung hervorzubringen, um zum Nachdenken zu führen; man muß an allem zweifeln, alle Voraussetzungen aufgeben." Damit hat Hegel das Grundprogramm der Sophistik entworfen.

Plato denunzierte die Sophisten als Scharlatane, Marktschreier, Quacksalber und rabulistische Clowns. Für den Philosophen, der nach Wahrheit suche, sei Sophistik eine Jagd auf reiche Jünglinge, eine Weisheitskrämerei und Täuschungskunst. Philosophie verhalte sich zur Sophistik wie Gymnastik zu Kosmetik, und Platoschüler Aristoteles sprach von der "Wissenschaft des Unwesentlichen". Was wollten diese neuerungssüchtigen Ausländer in Athen? Sie sagten, die Götter seien undurchschaubar, das Weltgeschehen könne genauso gut auch anders ablaufen und die ethischen Normen seien nur hartnäckige Lokalbräuche. In der Demokratie des 5. Jahrhunderts v. u. Z. waren die Sophisten arme Wanderlehrer, nicht philosophische Staatsdiener und adlige Denkbeamten von morgen. Die philosophische Wahrheit Platons war ihr Nutzen für herrschaftliche Spekulanten, und die sophistische Nützlichkeit für den Alltag war die Wahrheit um ihrer selbst willen Die biblischen Patriarchen gingen hervor aus dem nachbabylonischen Kampf gegen die Kinderopfer, die Philosophen, die vom Geld- und Geburtsadel lebten, aus dem Rivalitätskampf gegen Sophisten, die vom freien Markt der Meinungen lebten. Diese Sophisten waren die plebejischen Urintellektuellen der hellenischen Aufklärung gewesen und von geistigem Adel. Die Sophisten waren Pädagogen, die Philosophen waren Päderasten. Die Philosophen waren Adlige oder lebten von Sklaven, die geistreichen Sophisten waren arm und verkauften ihre Überlebenskünste an Leute, die weder reich noch geistreich waren. Sie lehrten, wie Parlamentsdebatten und Gerichtsprozesse zu gewinnen sind und in jedem Streit Recht zu behalten statt Recht zu haben o. u.

Diese relativistischen Wortverdreher ließen Falsches als richtig und das Wahre als Lüge erscheinen, aber sie deckten auch auf, daß Philosophen das taten. Im Angebot hatten sie Volksreden, Gerichtsplädoyers, literarische Bildung, Diskussionstraining, Polemiklehrgänge und philosophische Selbstverteidigung. Sophistische Eristik trat an gegen platonische Erotik. Sokrates galt selbst als Sophist, und als Sokratiker galten die Kyniker wie Antisthenes und Diogenes, die Skeptiker wie Pyrrhon und Karneades, Kyrenaiker wie Aristippos, die Epikureer bis hin zu

Lukrez und die Stoiker wie Zenon, Epiktet, Chrysipp und Kaiser Marc Aurel.

Von der universalen Philosophie der Sophisten ging es zur Universitätssophistik, und die Denkbeamten brachten es nie weiter als bis zum Beamtendenken, zum Letzt- und Selbstbegründungsakt dieses Versorgungsdenkens, das seinen Eigennutz als Gemeinwohl verkaufen muß. Der athenische Geld- und Geburtsadel brachte die Denkbeamten hervor, und die pensionsberechtigt akademischen Berufsphilosophen gehören heute zum neuen Adel der Demokratien, weil sie Staatsdiener sind und nicht etwa, weil sie von Geistesadel wären.

Am schönsten Busen von Hellas, am Busen der geistreichen Lais, lagen zwei Sophisten, der reiche Aristipp und der arme Diogenes. Sokrates höhnte, aus den Löchern seines Mantels blicke die Eitelkeit heraus. Der Sokratiker *Antisthenes* sagte, entweder werde geurteilt, A sei A, und diese Tautologie sei nicht wert, ausgesprochen zu werden, oder es werde geurteilt, A sei nicht A, sondern B, und das sei sicher falsch. Also gebe es nur triviale oder unrichtige Aussagen. Er nahm schon Aristoteles vorweg : "Das Pferd sehe ich, aber nicht seine Pferdheit", sagte er zu Plato, der ihm entgegnete: „Das eine ist fürs leibliche, das andere fürs geistige Auge."

Diogenes von Sinope war Schüler des Antisthenes und wurde der "übergeschnappte Sokrates" genannt. Sowohl die Stutzerkleidung der adligen Philosophen als auch Mönchskutte und Wanderstab seines Lehrers nannte er am Ende bloßen Schwindel. Der sich plebejisch gebende Antibanause erhielt den Spitznamen *Hund* und nannte sich selbst einen Weltbürger (kosmopolites). Am helllichten Tage suchte er mit einer Laterne nach Menschen, als gebe es keine mehr, und als der große Alexander ihm einen Wunsch freigab, soll er ihn nur gebeten haben, aus der Sonne zu gehen. Alexander der Große gestand, er wäre am liebsten Diogenes, wenn er nicht Alexander sein würde. Diogenes erbat sich aus, im Grab möge man ihn auf den Bauch legen, da in Kürze ja doch alles umgestürzt würde in der Welt. Der Held unterwerfe sich die Welt, der Weise blicke diese Welt weit unter sich. Er bettelte Statuen an, um sich zu üben im Nichtsbekommen, und soll seinen letzten Besitz, einen Holzbecher, weggeworfen haben, als er ein Kind das Wasser mit hohler Hand schöpfen sah. Einmal frühstückte er ausgiebig in einem Restaurant und lud den puritanischen Redner Demosthenes ein : "Du brauchst dich nicht zu schämen, dein Herr (Demos, das Volk) kommt hier jeden Tag herein". Diderot muß auch an ihn gedacht haben, als er "Rameaus Neffe" schrieb. Dieser geistreiche Schnorrer nahm keine Scheindarlehen auf, die er nie zurückzahlte, sondern forderte einfach sein vermeintliches Eigentum zurück von denen, die er anpumpte. Die *Kyniker* waren die Erfinder der *diatribischen* Plauderei, der witzigen Volkspredigt. Sein Schüler Krates aus Theben drang als *Türenstürmer* mit philosophischen Überfallkommandos in die Häuser. Posse ist lateinisch und kommt von Können.

Sophisten schrieben und verkauften *Antilogien mit doppelten Reden*, die jede Sache "von beiden Seiten vertreten", also Übungsbücher in Pro und Contra, Polemikanleitungen, Debattierführer für Angriff und Verteidigung im Alltag. *Akribologien* lehrten den präzisen Ausdruck. Richtiges Leben ist lernbar und lehrbar, Wissen ist die Macht der Ohnmächtigen; der Mensch kann sich entwickeln zum Guten, und die Welt ist nicht unverbesserlich. Sophisten untersuchten als erste den Bedeutungswandel und die Mehrdeutigkeit von Begriffen, engere und weitere, eigentliche und uneigentliche Wortbedeutungen.

Sie taten das weniger, um andere Leute zu täuschen, als um ihnen beizubringen, wie sich solche Täuschungsmanöver entdecken, vereiteln und kontern lassen. Sie verkauften Tricks, um Tricks zu durchschauen, und verblüfften mit der Enttarnung der allerneusten Bluffs. Man muß sie nicht idealisieren, um sie gegen Idealist Platon in Schutz zu nehmen, den Ahnherrn aller Denkbeamten bis heute. "Das Lob der Torheit" des Humanisten Erasmus ist das Meisterwerk eines christlichen Sophisten.

Aristippos aus Kyrene wollte die Befriedigung seiner Bedürfnisse, *Diogenes* wollte das auch. Jener wollte das durch Lust, dieser durch Freiheit von den Bedürfnissen. Der eine lebte lustig, der andere lustlos? Für Aristipp gab es nur Lust, Schmerz und Indifferenz. Da Lust nur durch schmerzliche Mühe zu haben ist, maximiert nur die Indifferenz die Lust durch Minimierung des Leidens, und der Hedonismus enthüllt sich am Ende als Indolenz der *vita contemplativa*. Phronesis und Euthymia ergeben Ataraxia, Autarkeia und Autonomia. Warum Philosophen zu Königen gehen und diese nie zu jenen? "Weil Philosophen wissen, was nottut, Könige aber nicht". Wieland widmete Aristipp seinen schönsten Altersroman.

Der Abderit *Protagoras*, Schöpfer der Grammatik, hielt die Mathematik für Unfug, weil wirklich kreisrunde Kreise in der Natur gar nicht vorkommen können. Reale Dinge seien nicht kreisrund, und kreisrunde Kreise existieren nicht: Kreise und Kugeln seien Fiktionen und keine Fakten. Nicht nur "der Mensch ist das Maß aller Dinge", sondern auch und vor allem ich und du. Was ich heute sage, sei wahrer als das, was ich gestern gesagt habe. Auch das Schwein ist das Maß all seiner Dinge. Von zwei Gegensätzen seien beide wahr, sagte er 2000 Jahre vor Hegel und wollte stets "die schwächere Seite zur stärkeren machen" und die stärkere zur schwächeren durch Wechsel der Perspektive : Er wollte die Sache der Schwächeren stärken und die Seite der Stärkeren schwächen.

Gorgias von Leontinoi wurde steinreich durch Sophistik, man drängte ihm das Geld geradezu auf. Er sagte: Nichts ist wahr. Wäre aber etwas wahr, so wäre es doch nicht erkennbar. Wäre es aber auch erkennbar, so wäre es noch lange nicht mitteilbar, denn Name und Sache haben nichts miteinander gemein. Für diesen Nominalisten waren Namen und Normen bloße Bräuche und schlechte Angewohnheiten. Seine *eurhythmische* Rede überzeugte, indem sie überredete.

Gorgiasschüler *Isokrates* nahm sich fast hundertjährig das Leben. Er war der erste Publizist von Rang, weil er zu schüchtern war zum öffentlichen Vortrag. Plato nannte ihn den "Philosophen unter den Rhetoren" und wurde von ihm Sophist geschimpft.

Nur was es nicht gebe, sei vielfältig und in Bewegung, das real Existierende aber sei unwandelbar und unverbesserlich. Das Vielveränderbare existiere nicht, das real Existierende jedoch sei unveränderlich, meinte der Urdialektiker *Zenon*. Auch er bereitete den Infinitesimalkalkül vor, die Quantifizierung der Welt, also ihre Disqualifikation durch Überdifferenzierung: Zwischen zwei jeweils noch so dicht aufeinanderfolgenden Flugbahnpunkten müsse jeder abgeschossene Pfeil unendlich viele Zwischenstationen passieren, komme also nie von der Stelle. Der Infinitesimalkalkül führt zum Immobilismus bei Zeno und zur Bewegung bei Leibniz.

Bei *Demokrit* gibt es so viele parmenideische Seinskugeln, wie es Atome gibt. Demokrit sah in jedem Atom die parmenideische Seinskugel, *Parmenides* in seinem 'Sein' ein einziges großes A-tom. Der junge Pythagoreer Sokrates sah dieses unwandelbare

Sein des Parmenides in den pythagoreischen Zahlenideen, die bewegliche Vielfalt der Welt aber in Heraklits ewigem Weltfluß der Gegensätze. Für Pythagoreer war die Welt unendlich teilbar, ohne nun aus unendlich vielen Teilen zu bestehen. Also war sie gleichzeitig zu groß und zu klein : Unendlich viele Bestandteile würden jedes Ding unendlich groß machen, unendlich kleine Bestandteile aber nicht einmal groß genug, um sichtbar zu sein. Der Sophist *Antiphon* sah den Kreis gut infinitesimal bereits als Polygon mit unendlich vielen Ecken.

Phokion machte alles, was Griechen nicht machten, und tat nichts von dem, was Griechen taten: Der unbestechliche Misanthrop hielt keinen Sklaven, nahm keine Geschenke an, lachte nie und gestikulierte nicht beim Reden. Als ihm einmal applaudiert wurde, tat er erschrocken: „Habe ich etwas falsch gemacht?" Ein Samuel Beckett wiederholte diese Frage, als sein Schauspiel "Warten auf Godot" Erfolg hatte.

Der Polyhistor *Hippias von Elis* erfand die Archäologie, und *Prodikos von Kos* erfand die Synonymik. Er sagte: Die Lebenden existieren noch, die Toten existieren nicht mehr, also geht der Tod beide nichts an. Menschen vergöttern, was ihnen nützt, sie erheben zu Gott, was ihnen gut tut. *Euthydem* lehrte, logische und ontologische Urteile gezielt zu verwechseln : Alles lasse sich von allem sagen, also sei alles wahr, was sich sagen lasse.

Psychoanalytiker *Antiphon* machte in Korinth auch eine „Trostbude" auf, ließ alle Leute ausreden und redete ihnen ihren Kummer aus.

+ + +

Europäische Vernunft : Allgemeinheit und Besonderheit   *(Einheit und Einzelheiten)*

<u>Plato</u> : Böse Materie als principium individuationis und Inbegriff der Gedankenlosigkeit im totalitären Staat. Idee als eine „Diairesis" *und* Synthesis des Besonderen zugleich.

<u>Aristoteles</u> : Individuum als konkrete Einheit von allgemeinem Stoff und allgemeiner Form. Körper als spezifische Differenz der Individuen voneinander.

<u>Leibniz</u> : Differenzierte Individualität *und* integrale Allgemeinheit (Harmonie apriori)

<u>Hume</u> ; *individual impressions* und *general ideas* post rem ergeben einen Skeptizismus.

<u>Kant</u> : Integral des Verstandes und Differential der Sinnlichkeit in Raum und Zeit. Anschauung differenziert und Verstand integriert. Kategorischer Imperativ : Generalisierbarkeit der Einzelmaximen.

<u>Fichte</u> : Selbstdifferenzierung und Selbstintegration jedes Ich infinitesimal.

<u>Schelling</u> : Selbstdifferenzierung und Selbstintegration der Mutter Natur.

<u>Hegel</u> : Mutterkind-Indifferenz differenziert und reintegriert sich in allen Menschenkindern. Die Geistesphilosophie als familiäre Trias von Vatergott, Mutter Natur und Menschenkind (Erdensohn).

Marx : Vergesellschaftung des Privatbesitzes an Produktionsmitteln, aber proletarischer Individualismus als Voraussetzung klassenloser Gesellschaft.

Kierkegaard : Individuelle Existenz contra Hegels Weltvernunft.

Schopenhauer : Melancholischer Junggeselle verweigert sich dem Gattungsleben der Allgemeinheit.

Nietzsche : Einzigartiger Hagestolz gegen die Fortpflanzung der *Viel-zu-vielen*. Aristokratischer Machtwille statt vulgäre Ehewilligkeit.

Bloch : Gemeinsamer Schoß der Mater-ie. Kapitalistische Produktionsform als Privatbesitz statt Gemeinsinn und sozialistisches Allgemeinwohl ohne kapitalistischen Eigennutz.

Heidegger : Existenzielle *Jemeinigkeit* contra *Man*. Die Eine Mutter Natur gegen die Zerstreuung des Seienden im Ganzen. (Ein Seyn – Viel Seiendes.)

Adorno : Individualität (+ Somaterialismus) contra Allgemeinbegriffe oder contra kapitalistische *und* sozialistische Vergesellschaftungen : Differenzierung contra Integration.

Jaspers : Ich weiß Allgemeines und lebe mein besonderes Leben (Kierkegaard und Nietzsche).

+ + +

Von der Aufklärung zum Idealismus

Salomon Maimon entlarvte Kant als inkonsequenten Leibnizianer. Aber auch Leibniz selbst war für Maimon kein konsequenter Leibnizianer, sofern er Monadologe war. Kants Ding-an-sich wie Leibnizens Monade sind keine *Differentiale des Bewußtseins*, sondern infinitesimal auf halbem Wege stehengeblieben, also nicht ihrerseits als Integrale von Dividuen dargestellt. Ausgerechnet der unmathematische Fichte führte den Idealismus infinitesimal zu Ende, sofern das Ich sich als unendlich teilbar ein unendlich teilbares Nicht-Ich gegenüberstellt. Schopenhauer ging nur bis zum menschlichen Individuum, bis zu den letzten Blättern eines Baumes und nicht bis zu dessen Atomen. Nach Maimon hat Kant nur mathematische Objekte wie Standpunkte, Kurven, Kreise, Kugeln, Oberflächen, Dreiecksschenkel und Spielräume konstruiert, wo er reale Dinge zu erfahren glaubte : Wir stoßen auf die von uns selbst konstruierten Objekte wie auf eine reale Außenwelt u. u. Molière zeigte uns als Objekte der von uns selbst geschaffenen Welt zappeln, und für Leibniz ist der Mensch eine automatische Gliederpuppe in barocker Aktion. Maimon sah nicht erst die Welt als Idee, sondern schon jedes ihrer Objekte : als nie objektiv komplett gegebenes Ganzes unabschließbarer Bestimmungen. Definitio fit per genus proximum et differentiam specificam ad infinitum. Individuell und infinitesimal sind äquivok. Das Subjekt, das auch ohne Prädikat sein kann, und das Prädikat, das nie ohne Subjekt sein kann, treffen einander wie Substanz und Akzidenz auf dem „Grundsatz der Bestimmbarkeit". Für einen unendlichen Verstand sind alle Urteile analytisch, und Sinnlichkeit sei nur unvollständiger Verstand und für unvollkommene Götter. (Kant kannte klare Sinne und unklare Begriffe.)

Vom Zeitgeist zur geistreichen Zeitlosigkeit

Deutschland entwickelte akademische Geisteswissenschaften und eine genuin philosophische Anthropologie (*moral sciences*), weil es nie rechten Anschluß an die Entwicklung der europäischen, vor allem der französischen Moralistik gesucht und gefunden hatte, woran der Kompensationsphilosoph Odo Marquard erinnert hat. (Auch *Robert Zimmer*: „Die europäischen Moralisten", Hamburg 1999, S. 119 f.)

Siegte Hegels systematischer Weltgeist über Schlegels geistreiche Fragmente oder die katholische Werkgerechtigkeit über evangelische Gnadenmoral? Anders gewendet: Siegte die konstruktivistische *Philosophie des Geistes* über Chestertons *witness* oder der Geist Gottes über die protestantische Arbeitsmoral? (Eine „Phänomenologie des Geistreichen" bleibt jedenfalls noch lange ein geisteswissenschaftliches Desiderat.) *Kant* hatte mit dem Kategorischen Imperativ der praktischen Vernunft das objektive Gesetz Gottes in die menschliche Wahlfreiheit überführt, *Fichte* aber die Willensfreiheit als subjektive Willkür von allen natürlichen Fakten emanzipiert und von aller objektiven „Stellung des Menschen im Kosmos" abstrahiert, bis sie zerbrach in *Schlegels* unzählige ironische Fragmente, die *Hegel* dann durch sein dialektisches System in das objektive Gesetz Gottes zurückzubinden suchte, ohne die subjektive Freiheit und Selbstgewißheit des Individuums rückgängig zu machen. Lag der Sündenfall schon im Schritt vom transzendentalen Kant zum idealistischen Fichte oder erst im Fortschritt von einem subjektivistischen Fichte zum ironistischen Schlegel, der seine individualistischen Bruchstücke doch katholizistisch universalisieren wollte? Fichtes

„Thathandlung" war nach Kant praktische Vernunft menschlicher Autonomie statt eine Theonomie, aber Schlegels philosophisch-poetische Fragmente waren nur noch hypothetische Imperative und ungeneralisierbare Maximen einer ästhetischen Einbildungskraft und teleologischen Urteilskraft. Schlegels aphoristische „Igel" verstanden sich als endliche Bruchstücke unendlicher Totalität und wollten damit den Anschluss an Fichtes transzendent(al)e Mystik und an Kants „Religion innerhalb der Grenzen der bloßen Vernunft" nicht verlieren, obwohl die Frühromantiker die kategorische Allgemeingültigkeit ihrer fragmentierten „Ideen" als Einheit von Gegensätzen im christlichen *Katholon* suchten. Die ironistische Selbstaufhebung jedes endlichen Bruchstücks in die unendliche Bewegung des absoluten Geistes blieb für Hegel zu selbstmörderisch beschränkt. Die alles „übergreifende Subjektivität" seiner nationalen Volksgeister war zwar universeller als die Willkür des geistreichen Subjekts, aber kollektivistisch viel beschränkter als Kants universales „Volk Gottes", das Moralität gegen bloße Legalität absicherte. Hegels Urgegner wurde Schlegel. Zitate aus Schlegels Werken: „Fragmente als biblische Philosophie müssen im Centrum der Enzyklopädie thronen." „Fragmente (Sprüche) sind die eigentliche Form des biblischen Vortrags." „Ironie steht in der nächsten Beziehung zu Gott." „Die Religion ist das revolutionäre Princip im Menschen." „In Hegel ist der Grundirrtum, das er den Satan mit dem lieben Gott verwechselt." „Der Geist des Christentums in politischer Hinsicht ist eine allgemeine Opposition gegen den Staat überhaupt." „Das Christentum hat eine ewige Tendenz. Philosophie zu werden." „Affinität des Christentums und des Witzes durch Absolute Philosophie." „Nichts ist witziger als ... die Bibel." „Alle Vereinigung des Heterogenen führt auf Unendliches."

Erst der späte Frühromantiker *Nietzsche* trieb den relativistischen Subjektivismus sophistischer Satzungen bis zum A(nti)theismus, und das haltgebende Gegengewicht wanderte von Gottvater zu Mutter Natur. „Als meine Mutter lebe ich noch und werde alt." Objektive Wahrheit wird nur noch gesucht in naturwissenschaftlich methodischer Intersubjektivität der *scientific community*, deren Logik Wittgensteins protestantische Mystik liefert. Es geht nun um die Frage, wie menschliche Wahlfreiheit das göttliche Grundgesetz „verabschiedet", ob bekämpft oder nur „subjektiviert". Der Schritt vom Fragment des Katholiken Schlegel zur Sentenz des Pastorensohns Nietzsche ist der Weg vom magischen Idealismus zum sophistischen Perspektivismus, der das Gesetz Gottes nicht mehr in unsere Hände legt, sondern es brechen will in autonomer Selbstermächtigung. Nietzsche hat weder das biblische Gesetz noch den kategorischen Imperativ guten Willens erfüllt, sondern durch den bloßen Machtwillen ersetzt und dem elitären Sklavenstaat das gute Gewissen verschafft. Man will nicht mehr selber, was Gott will, sondern selber Gott sein – ein Über-Mensch ohne Über-Ich. *Wittgenstein* machte diesen Schritt mit Tolstoi wieder halb rückgängig, indem er seine mystisch-poetische Subjektivität hinter der Objektivität von Logik und Physik in solipsistischen „Privatsprachen" versteckte. Wenn der Schöpfer samt Schöpfung die Idee des Objektiven (des Dinges an sich) schlechthin ist, wird Subjektivismus tendenziell A(nti)theismus, wo er das objektive Gesetz nicht zur Sache von jedermanns freier Intersubjektivität macht, sondern durch (mehr oder weniger pragmatische) menschliche Satzungen ersetzt.

Protest gegen Protestantismus 2000

Ein Vierteljahrhundert nach der katholischen "Reconquista" in Spanien, nach der Vertreibung aller Nichtchristen aus dem Paradies der monotheistischen Symbiosen, schlug der Mönch Martin Luther seine fundamentalistischen Thesen an die Schloßkirche zu Wittenberg und läutete die zweite Spaltung der Christenheit nach, ein halbes Jahrtausend nach dem Schisma der oströmisch orthodoxen und der weströmisch katholischen Kirche. Wie bekomme ich einen gnädigen Gott, fragte Luther angstvoll und verzweifelte an der menschlichen Fähigkeit, durch eigene werkgerechte Anstrengung dem Gesetz Gottes zu entsprechen. Schon sein Gewährsmann Paulus hatte entschieden, daß Gott den Menschen das Gesetz Gottes nur auferlegt hätte, um ihnen zu beweisen, daß sie es aus eigener Kraft nicht erfüllen können und auf Gottes Barmherzigkeit hoffen müssen. Nun mußte er nicht mehr verzweifeln, der arme Sünder, der nie sicher sein durfte, ob er nichts unversucht gelassen hatte, und der es eben doch nicht geschafft hatte, sich zu bessern. Bemühen mußte er sich nach Kräften, aber nur um zu entdecken, daß alle Liebesmühe und aller gute Wille vergebens ist, wenn die Hand von oben ihm nicht entgegenkommt. Wer sich gar nicht erst ins Zeug legte mit Beten und Arbeiten, weil eh alles vergeblich ist, war weder der himmlischen noch der obrigkeitlichen Gnadenerweise würdig und eben höllenreif.

Das war die Rechtfertigung *allein durch den Glauben*, durch Jesu Tod gerechtfertigt zu sein, und wer diese unglaublichen Dinge, die kein normaler Mensch wissen kann, nicht glauben kann, der hat Pech gehabt und soll um Erleuchtung beten, bis er schwarz wird. Nach unerfindlichen Kriterien hat der Allmächtige kraft seiner unberechenbaren Souveränität die einen auserwählt, denen trotz aller Unwürdigkeit er den alleinseligmachenden Glauben schenkt, und anderen die Erleuchtung trotz aller guten Werke uneinklagbar verweigert. Er macht, was Er will, um uns zu demonstrieren, daß Er der Gerechtigkeitslogik selber nicht unterworfen ist. Ich werde nicht gerettet, weil ich Gutes getan habe, sondern kann erst Gutes tun, wenn ich glaube, auch ohne meine Güte gerettet zu sein. Luther hat die Bibel ebenso genial übersetzt wie halb mißverstanden. "Das Gesetz, das ich euch heute gebe, ist nicht zu schwer für euch und auch nicht unerreichbar fern." (Dtn 30,11) Das allein schon entzöge der fundamentalistischen Reformation das biblische Fundament. Protestanten betonen gern, daß sie auf das Alte Testament stärker zurückgehen als die Katholiken auf ihre Tradition, aber das bedeutet leider noch nicht, daß sie es besser verstanden haben.

Der wüste Bauernfeind Luther trat als christlicher Fundamentalist auf, aber gewußt hat er weniger als die Katholiken von der spezifisch biblischen Theorie der Geschichte. Gewiß, die römischen Mißstände haben es ihm leichtgemacht, aber eben auch erleichtert, hinter Rom soweit zurückzufallen, wie er über den Papst hinausgelangt zu sein wähnte. Von den biblischen Schriften, die er so großartig ins Deutsche übersetzte, daß er dabei die deutsche Sprache gleich mitschuf, verstand er so wenig, daß die Gegenreformation gegen ihn sogar noch Recht und zugleich Gelegenheit bekam, ihre Fehler zu korrigieren, gegen die Luther angetreten war. Man merkt dem heutigen Protestantismus an, daß Luther schon damals von den Katholiken so hätte mit Schweigen übergangen werden müssen wie erst Jesus und später Spinoza von der Religion ihrer Väter. *Sola scriptura*, ja, aber hat er die heilige unverfälschte Schrift wirklich gelesen, die er so kongenial übersetzte, und hat er seine eigene Übersetzung verstanden? *Sola fide*, ja, aber das Neue Testament (NT) weiß nicht, was es glaubt, und das Alte (AT) muß nicht glauben, was er ja weiß. Die von Theologen immer genüßlich zelebrierte Unterscheidung zwischen erbaulichem Glauben und bloßem Fürwahrhalten ist letztlich hinfällig und soll vermutlich vom prekären Status der christlichen Heilswahrheiten ablenken. Wir sind allemal Sünder, aber auch erlöst, wenn wir mit Gottes Hilfe glauben können, längst erlöst zu sein, bevor wir versuchen, uns groß zu rechtfertigen. Glauben an die Erlösung durch Glauben, sagt man uns, sei Erlösung durch Glauben an die Erlösung. Im NT ist diese Erlösung ein Freikauf der körperlosen Seele vom Teufel, im AT ein Freikauf des leibhaftigen Arbeitssklaven von seinem Ausbeuter. Von Paulus über Augustinus und Luther bis zu Karl Barth: Glauben heißt nicht wissen. Gott sei der „ganz Andere", Er erbarmt sich, wessen Er will, und ist klein bloß berechenbarer Zahlmeister unserer Verdienste und Versäumnisse, aber wo bleibt dabei der Gott des Gesetzes? Das Gesetz kann ich erst erfüllen, wenn ich nur glaube, daß ich vom Gesetz schon erlöst bin?

Bultmann entmythologisiert solange, bis das biblische Wissen zusammen mit dem griechischen Mythen gelöscht ist. Übrig bleibt der Mythos, ausgerechnet Heideggers „Daseinsanalytik" habe alle prähistorischen Mythen hinter sich gelassen. Jesus sei auferstanden nicht im Fleische, sondern im Glauben seiner Gemeinden, die seine Wahrheit verkünden, wie Goethe wiederauferstehe in Goethe-Seminaren.

Erst das 20. Jahrhundert machte wieder erste tastende Versuche, Christus aus dem AT heraus zu verstehen, und auch das nur in religionswissenschaftlichen Fachartikeln versteckt und nicht offen von den Kanzeln herab. Es war gruppendynamisch und ideologisch verständlich, daß die Urchristen sich vom Gesetz Gottes abgrenzen mußten, um zu überleben, und die Differenzen dabei oft bis zum Gegensatz übertrieben. Aber das AT zur bloßen Vorstufe des NT herabzusetzen, um es dann nicht mehr aus sich selbst heraus verstehen zu müssen, ist nur ein ödipaler Aufstand des "Gottessohnes" gegen die Religion der Väter. Sigmund Freud hat über diesen Komplex alles gesagt. Wenn Christen sich darauf beschränken, im AT nur die Vorankündigungen Christi zu entdecken, fallen sie hinter das AT soweit zurück, wie sie darüber hinaus zu sein *glauben*.

Luther machte aus dem Christentum primär eine deutsche Angelegenheit, als Katholiken den Monotheismus gerade gehindert hatten, eine eifersüchtig gehütete nationale Sache zu bleiben. *Cuius regio, eius religio* : Wes Brot ich eß, des Lied ich sing. Daß Luther die Religion den Landesfürsten der Kleinstaaten unterstellte und auslieferte, war so Teufelswerk wie sein Antiproletarismus während der Bauernaufstände. Wo er mehr war als der bewundernwerte Bibeleindeutscher, wurde er weniger als die kosmopolitische Gegenreformation. Schließlich geriet die *protestantische Orthodoxie* noch päpstlicher als der Papst, dessen Fehlbarkeit sie überwinden wollte, und trieb jene philosophische Rebellion gegen sich erst hervor, die Deutschlands kulturelle Weltmeisterschaft erst begründete. So bringt jeder seinen eigenen Totengräber hervor, und diesmal begrub die idealistische Philosophie die evangelische Religion unter sich, die sie begründen wollte. Die protestantische Rechtsstarre trieb nicht nur eine reiche Mystik hervor, sondern auch den Widerstand von Lessing und Leibniz, Kant und Fichte, Schelling und Hegel. Die Blüten des protestantischen Geistes waren nicht Bultmann, Barth und Tillich, sondern Leibniz, Kant und Hegel, gegen die keine katholische Philosophie von St. Thomas bis Max Scheler oder Jacques Maritain aufkommt.

Meine These lautet, daß der Protestantismus am Ende des zweiten Jahrtausends nicht nur hinter seine eigenen historischen Höhepunkte zurückgefallen, sondern sogar aus dem Monotheismus herausgefallen ist, ja, er wurde nicht einmal atheistisch, sondern schon schlichtweg antitheistisch. Wo er sich nun äußert, bekämpft er Gottes Wort. Homosexuelle Lebensgemeinschaften z.B. werden nicht als Minderheiten stillschweigend toleriert und dem Urteil Gottes anheimgegeben, sondern familiären Verbindungen gleichgestellt. In der Medienöffentlichkeit werden Vater, Mutter und Kinder vom schrillen Geschrei der *gay powers* und *patchwork*-Sippen lauthals übertönt. Die orientalische Großfamilie ist hier nicht verdrängt von der europäischen Kleinstfamilie, sondern von psychosexuellen Minderheiten, die nicht nur geduldet werden wollen, sondern ihre Ebenbürtigkeitsansprüche einklagen. Die Protestanten beeilen sich, jedem Zeitgeist nicht nur nachzulaufen, sondern noch zuvorzukommen, und wundern sich dann, daß alles, was sie unternehmen, den Mitgliederschwund aufzuhalten, ihn gerade zu beschleunigen droht. Es will nicht in ihre kopflosen Köpfe, daß immer mehr Menschen nicht eine noch poppigere Zeitgeistvariante suchen, sondern eine Alternative zu allen unseligen Zeitgeistvarianten. Sie verpassen den Anschluß an den fundamentalistischen Papst Johannes Paul II., weil sie den Anschluß an seine gottverlassenen Verächter nicht verpassen wollen. Leichter als Rom haben sie im 20. Jahrhundert die drei Totalitarismen abgesegnet, rote, braune und grüne. Moralskandal Nr. 1: Die Abtreibung gilt ihnen nicht als Mord an den Hilflosesten, sondern als ökopax-feministischer Emanzipationsfortschritt. Ist Gottes Grundgesetz in Liebe auflösbar?

Hegels Naturphilosophie als Ästhetik

Die Natur ist nur an sich die Idee, daher Schelling sie eine versteinerte, andere sogar eine gefrorene Intelligenz nannten; der Gott bleibt aber nicht versteinert, sondern die Steine schreien und heben sich zum Geiste auf.

Die Wahrheit des Raumes ist die Zeit, so wird der *Raum* zur *Zeit*. Der Wissenschaft des Raums, der Geometrie, steht keine solche Wissenschaft der Zeit gegenüber. Das Nichtsein des Seins, an dessen Stelle das Jetzt getreten ist, ist die Vergangenheit; das Sein des Nichtseins, was in der Gegenwart enthalten ist, ist die Zukunft... Die Zeit ist... das Bleiben eben des Verschwindens.

Materie ist ausschließende Beziehung auf sich... der Begriff des Begrifflosen. .. die Materie ist eben dies, seinen Mittelpunkt außer sich zu setzen... Die *Schwere* ist sozusagen das Bekenntnis der Nichtigkeit des Außersichseins der Materie in ihrem Für sichsein, ihrer Unselbständigkeit, ihres Widerspruchs ...Die Schwere ist das Insichsein der Materie...Wenn die Materie das erreichte was sie in der Schwere sucht, so schwitzte sie in einen Punkt zusammen.

Die *Bewegung* ist eben dies, an einem Ort zu sein und zugleich an einem anderen Ort, und ebenso nicht an einem anderen, sondern nur an diesem Ort zu sein.

Das *Weiche* ist auch repellierend, elastisch; es weicht zurück, aber nur so weit : aus *einem* Ort kann es nicht vertrieben werden.

Was Widerstand leistet, ist materiell und umgekehrt insofern materiell, als es Widerstand leistet.

Jeder *Körper* hat einen Schwerpunkt, um als Zentrum sein Zentrum in einem Anderen zu haben ... Die Materie ist das Außersichkommen ihres Außersichseins ... die erste wahre Innerlichkeit...

Es gibt vieles, was noch nicht zu begreifen ist; das muß man in der Naturphilosophie zugestehen ... Männer vom Fach reflektieren nicht darauf. Aber es wird eine Zeit kommen, wo man für diese Wissenschaft nach dem Vernunftbegriff verlangen wird!

Dieser Teil ist der schwierigste in der Natur, denn er enthält die endliche Körperlichkeit .

Die *Nacht* ist das Negative, worin alles zurückgekommen, woran das Organische ... bekräftigt wieder in die erwachende Vielheit des Daseins tritt. Das Licht ist... die gegenwärtige reine Materialität . . . das daseiende Insichsein ... oder die Wirklichkeit als eine durchsichtige Möglichkeit. Raumerfüllung ist aber zweideutig... die Kraft allgemeiner Wirklichkeit, außer sich zu sein...

die Gemeinschaft mit allem, die in sich bleibt ... Das Licht bringt uns in den allgemeinen Zusammenhang . . . die physikalische Idealität im Gegensatz zur Realität der schweren Materie... Ich ist der unendliche Raum... Mit dieser Identität des Selbstbewußtseins ist das Licht parallel und das treue Abbild desselben. Es ist nur darum nicht Ich, weil es sich nicht in sich selbst trübt und bricht... Könnte sich das Ich in der reinen abstrakten Gleichheit halten, wie die Inder wollen, so wäre es entflohen, es wäre Licht... Aber das Selbstbewußtsein ist nur als Bewußtsein... Das Licht ist also nicht Selbstbewußtsein, weil ihm die Unendlichkeit der Rückkehr zu sich fehlt... abstrakte Manifestation seiner... Das Licht ist unendliche räumliche Zerstreuung oder vielmehr unendliche Erzeugung des Raums... als das allgemeine Zur-Erscheinung-Bringen , die erste Befriedigung... immaterielle Materie... die Materie, die sich gefunden hat... der einfache Gedanke selbst, auf natürliche Weise vorhanden... die wirksame Identität, alles identisch zu setzen... dieses gespannte Licht hat den Trieb, sich am Anderen zu differenzieren... Trübte sich das Licht aus sich selbst, so wäre es die Idee, die in sich selbst differenziert.

Der *Mond* ist der wasserlose Kristall, der sich an unserem Meere gleichsam zu integrieren, den Durst seiner Starrheit zu löschen sucht und daher Ebbe und Flut bewirkt... so sind die Hofleute, 'die dem Fürsten näherstehen, selbstloser durch ihr Verhältnis zum Fürsten ... Sterne sind nur Bedeutungen der Erde...

Die *Luft* ist allgemeine Idealität alles anderen... durch welches alles Besondere vertilgt wird; das Feuer ist dieselbe Allgemeinheit, aber erscheinend... die existierende Natur der Luft... das zur Erscheinung kommende Zum-Schein-Machen des Anderen... Wasser ist passive Neutralität. Die Erde spannt sich in sich selbst ... Vulkanismus und Neptunismus...

Die *Luft* ist ein schlafendes Feuer... die verdachtlose, aber schleichende Macht über das Individuelle und Organische, die gegen das Licht passive, aber alles Individuelle in sich verflüchtigende... in alles eindringende Flüssigkeit -...Die Luft so das schlechthin Korrosive, der Feind des Individuellen . .. schleicht sich überall ein, ohne daß man der Luft etwas ansieht, wie die Vernunft sich ins Individuelle insinuiert und es auflöst... da die Luft schon als solche das Zehren ist... wir aber müssen nicht so zärtlich mit der Materie sein...

Das *Feuer* ist das existierende Fürsichsein, die Negativität als sobhe... die wahrhafte Affirmation ist das Feuer. Das Nichtseiende ist in ihm als seiend gesetzt u.U.; so ist das Feuer die Zeit... Der Prozeß des Lebens ist auch Feuerprozeß, denn er besteht darin, Besonderheiten zu verzehren; er bringt aber sein Material ewig wieder hervor.

Wasser ist das Element des selbstlosen Gegensatzes, das passive Sein-für-Anderes, während das Feuer aktives Sein-für-Anderes ist... seine Determination ist, das noch nicht Besondere zu sein... "die Mutter alles Besonderen"... die reale Möglichkeit des Unterschieds, der aber noch nicht an ihm existiert... Es steht mit jedem Körper, den es berührt, in näherem Zusammenhang als mit sich selbst...

Der *Klang* ist . . . das Übergehen der materiellen Räumlichkeit in materielle Zeitlichkeit... Negation der Teile wie Negation dieser ihrer Negation... mechanische Seelenhaftigkeit. . . die Freiheit in der schweren Materie zugleich von dieser Materie... totale Form, die sich in der Zeit» kundgibt... das Erzittern des Körpers in sich selbst... Doch wäre es die Frage, ob nicht wirklich die verschiedenen... Hohlköpfe hohler klingen.

Wärme ist die Vollendung des Klanges ... Nicht nur der Musikus wird warm, sondern auch die Instrumente.

Haut man den Magneten entzwei, so ist jedes Stück wieder ein ganzer Magnet: ... die termini des Schlusses können nicht für sich, sondern nur in Verbindung existieren. Wir sind so ganz im Felde des Übersinnlichen.

Der individuelle *Kristall* ist aber, als realer Magnetismus, diese Totalität, worin der Trieb erloschen und die Gegensätze zur Form der Gleichgültigkeit neutralisiert sind... das tatlos sich exponiert und von dessen Gebilden man nur sagen kann, daß sie da sind... weil der Magnetismus im Kristall befriedigt ist... ein verständiges Tun der Natur durch sich selbst... Aber selbst der Mensch, der Geist ist - das absolut Leichte -, ist noch schwer... Materie ist durch und durch kristallisiert... Zerbricht man immer weiter, so zeigt sich immer dasselbe... Der Kristall hat seinen Kern selbst als einen Kristall...

Nacht enthält die sich auflösende Gärung und den zerrüttenden Kampf aller Kräfte, die absolute Möglichkeit von allem, das Chaos, das nicht eine seiende Materie, sondern eben in seiner Vernichtung alles enthält. Sie ist die Mutter, die Nahrung von allem, und das Licht die reine Form, die erst Sein hat in ihrer Einheit mit der Nacht. Der Schauer der Nacht ist das stille Beben und Regen aller Kräfte; die Helle des Tages ist das Außersichsein, das keine Innerlichkeit behalten kann, sondern als geist- und kraftlose Wirklichkeit ausgeschüttet und verloren ist... Das <u>Licht</u> scheint nicht in die Finsternis, es erhellt sie nicht, es ist nicht in ihr gebrochen; sondern der in sich gebrochene Begriff, als die Einheit beider... das ist das heitere Reich der Farben und ihre lebendige Bewegung im Farbenspiel... die erste Farbe ist Gelb, ein heller Grund und ein trüberes Medium, das von ihm durchleuchtet wird... Das Blau des Himmels ist sozusagen der Grund, aus dem die Erde hervorgeht... die Newtonschen Versuche sind verzwickt, schlecht, kleinlich gemacht, schmierig, schmutzig...

Der *Geruch* ist das Empfinden dieses stillen, dem Körper immanenten Verglimmens in der Luft, die eben darum nicht selbst riecht, weil alles in ihr verriecht, sie alle Gerüche nur auflöst, wie die Farbe am Licht schwindet.

Die *Elektrizität* ist der reine Zweck der Gestalt, der sich von ihr befreit,... worin die Differenzen die Gestalt verlassen, aber sie zu ihrer Bedingung haben Es ist der eigene Zorn, das eigene Aufbrausen des Körpers... es ist niemand dabei als er selbst, am wenigsten eine fremde Materie. Sein jugendlicher Mut schlägt aus, er stellt sich auf seine Hinterbeine... Nicht bloß wir vergleichen die Körper, sondern sie vergleichen sich selbst und erhalten sich darin als physikalisch; es ist der Anfang des Organischen... die immanente physische Widersetzlichkeit das Tätige des Körpers... Das zornige Selbst des Körpers tritt an jedem hervor, wenn es gereizt wird; alle zeigen diese Lebendigkeit gegeneinander.

Der *Mensch* hat sich nicht aus dem Tiere herausgebildet, noch das Tier aus der Pflanze; jedes ist auf einmal ganz, was es ist ... wie Minerva aus Jupiters Haupte bewaffnet entspringt.

Wie die Quellen die Lungen und Absonderungsgefäße für die Ausdünstung der Erde sind, so sind die Vulkane ihre Leber, indem sie dies Sich-an-ihnen-selbst-erhitzen darstellen ... Das Meer selbst ist diese höhere Lebendigkeit als die Luft, das Subjekt der Bitterkeit und Neutralität und Auflösung, als ein lebendiger Prozeß, der immer auf dem Sprunge steht, in Leben auszubrechen, das aber immer wieder ins Wasser zurückfällt... Das Land ist der Riesenleichnam des ... entflohenen Lebens, der feste Kristall des lunarischen Elements, während das Meer das Kometarische ist... so werden die Gallerte, der Schleim zum Gehäuse des innerlich bleibenden Lichts... Das Meer ist mehr tierisch,.,, die Erde zunächst vegetabilisch...

Das *Organische* so durch das Unorganische mit der Gattung vermittelt (E-B-A) ist das Geschlechtsverhältnis... das Hervorbringen des Geschlechts ist das Erzeugen von Individuen durch den Tod anderer Individuen desselben Geschlechts ... im *Weiblichen* ist wohl das materielle Element, im *Manne* aber die Subjektivität enthalten...

Die *Liebe* dagegen ist die Empfindung, worin die Selbstsucht des Einzelnen und ihr abgesondertes Bestehen negiert wird, die einzelne Gestalt also zugrunde geht und sich nicht erhalten kann ... das Allgemeine, was für das Allgemeine ist. Im Tiere existiert die Gattung aber nicht, sondern ist nur an sich; erst im Geiste ist sie an und für sich in seiner Ewigkeit. Die Linie des Lebendigen wäre hiernach die Ellipse ... die Eilinie.

Sesshafte Reisebeschreibungen

Wer sich wie die meisten Menschen auf das Reisen gar nicht versteht, gibt das auch deshalb nicht gern zu, weil er es meist gar nicht weiß. Wer weiß schon, wovor er beim Wegfahren eigentlich wegläuft und wohin? Ich Reiseneurotiker gestehe, weder die Ferien- noch Lebensreisetechnik zu beherrschen. Ich reise trotzdem nicht. Andere reisen gerade deshalb.

Das Leben ist mir Reise durch die Zeiten genug, um nicht auch noch Reise durch Orte sein zu müssen. In welche Himmelsrichtungen ich auch je aufgebrochen bin, welchen wärmsten Empfehlungen enthusiasmierter Vorkoster ich auch willig gefolgt bin, entweder hat es mich überanstrengt oder angeödet oder beides zugleich und wütend oder krank gemacht. Meine Reiseabenteuer waren stets eine Kette von Versuchen, sie eher zu vermeiden, also von Missgeschicken, die mich wünschen ließen, nie losgefahren zu sein, und geloben ließen, nie wieder zu einer Reise aufzubrechen, bis eine nächste Urlaubshymne von Bekannten, die gar nicht einsahen, weshalb niemand ihre eigene Enttäuschung teilen sollte, mir das peinliche Gefühl aufdrängte, mein Leben vertan zu haben, wenn ich nicht wenigstens einmal und nie wieder in Florida oder auf den Seychellen gewesen wäre. Entweder war es mir zu kalt gewesen oder zu heiß, zu eng oder zu weitläufig, zu öde oder zu laut, zu teuer oder zu primitiv oder alles zugleich. Ich erhebe nichts als den Anspruch, für anspruchslos zu gelten, tue meinen Ratgebern aber nicht den Gefallen, daß es mir irgendwo irgendwann genügend gut gefallen hätte, um die Unternehmung je zu wiederholen, nicht einmal daheim in der Spitzwegmansarde, die nun wirklich eine ständige Aufforderung zur Abreise ist, ein einziger architektonischer Tritt in den Hintern.

Auf Reisen erlebe ich Schlimmes oder gar nichts; eins ist schlimmer als das andere. Es kann nichts passieren, ohne mich zu ärgern, und wenn ich entspanne, bin ich auch schon abgespannt und langweile mich zu Tode, ohne mich umgekehrt gut zu unterhalten, sobald es (an)spannender wird. Wir Reisenden zerstreuen uns in alle Windrichtungen, um uns nicht konzentrieren zu müssen, auf uns selbst oder auf etwas Selbstloses. Wir lenken uns selber ab, wenn der Alltag uns gerade nicht ablenkt, und nichts lenkt uns ab von professioneller Zerstreutheit, diesem bekannten Markenzeichen aller Zeitgenossen außer den Professoren.

Jede Urlaubsreise ist ein einziger hübscher Vorwand, ungestraft wieder einmal ungehemmt reden zu dürfen über nichts als Wetter und Wohnen, Kleidung und Körperpflege, über Speis und Trunksucht. Die einen erobern die Welt mit Visionen und Divisionen, die anderen mit Visa und Devisen. Aber wirklich Ferien zu machen verstehen nur die, welche Ferien gar nicht nötig haben, weil sie nicht im Arbeitsprozeß gegen den Menschen stehen und keine Arbeitsweltbürger sind. Wir anderen Teilzeitfaulenzer sind Reisedilettanten. Die dialektische Regimentalität verlangt, daß Urlaub mich von der Arbeitswelt weit genug zu entfernen hat, um meine Arbeitskraft zu regenerieren, aber nicht soweit, daß er mich für sie nicht wieder fit macht, sondern der industriellen Entfremdung heillos entfremdet. Nach der Reise bin ich dann wieder mehr zu Hause als vor der Reise. Ich reise nicht, weil mich die schöne Fremde anzieht, sondern damit das heimische Kaff mir danach für ein weiteres Jahr wieder erträglich genug ist, daß ich nicht Amok laufe oder aus dem Fenster springe oder auf Nimmerwiedersehen verschwinde. Kurz: Ich verreise, um nicht auswandern zu müssen in Länder, die selbst von Auswanderern fast entvölkert sind, meinen täglichen Mitpassanten auf der Straße daheim.

Das Schönste an einer Reise ist die Heimreise, wie das Schönste an ihrer Geburt für die meisten Menschen nicht der Akt einer Befreiung ist, sondern die lebenslängliche Sehnsucht zurück in den Mutterleib. Will ich dort mein Geld verdienen, wo ich zu Hause bin, oder fühle ich mich dort zu Hause, wo ich mein Geld verdiene? Wenigstens einmal im Jahr dürfen wir unser Geld an einem anderen Ort ausgeben als dem, wo wir es verdienen. Nicht nur müssen wir zurück, wir dürfen zurück an die Ruderbank der Galeere, die uns vor uns selber schützt. Ortsveränderung ist ein Weltveränderungsersatz oder auch umgekehrt. Wir ändern unseren Standort in der Welt, um sie selbst nicht ändern zu müssen, oder bearbeiten wir umgekehrt die Erde, um sie nicht er-fahren zu müssen? Wir wollen Luft- statt Weltveränderung und fragen uns, ob wir lieber oder wenigstens Luftveränderung wollen. – Die Reiselustigsten wenigstens sind die Weltveränderungsfeinde, ob nun als Verwicklungshelfer in Nicaragua oder als Konterrevolutionstouristen in den USA. Ob jung oder alt, wir scheinen nie herauszukommen aus den Tapetenwechseljahren. Wir wollen mal andere Gesichter sehen, wenigstens andere Masken. Die Welt zu sehen, erspart eine Weltanschauung und umgekehrt. Angeblich bereichert Reisen auch und gerade jene, für die das »Enrichissez-vous!« sinnlos ist. Vor der Unfähigkeit, mit mir selbst etwas anzufangen, flüchte ich das ganze Jahr hindurch ins Berufs- und Familienleben, während des Urlaubs aber in fremde Länder. Es muß nicht immer Onanie sein, aber die Fähigkeit, im stillen

Kämmerlein wirklich etwas anzufangen mit sich und seiner Zeit, wird ja gewöhnlich beschimpft als sogenannte „Flucht in die Innerlichkeit", ein ganz besonders asoziales Laster. Vor dieser sagenumwoben verruchten „Innerlichkeit" flüchtet jeder nur allzu gern in einen Zerstreuungsbetrieb, der sich hochtrabend „Engagement" nennt und viel mehr dem nützt, der sich einsetzt, als dem, für den er sich einsetzt. Die Flucht vor der (Flucht in die) Innerlichkeit ist Flucht in die verschämteste Äußerlichkeit. Der Zweifel in die Zurechnungsfähigkeit von Reiseabenteurern und anderen Urlaubsnomaden braucht, um berechtigt zu sein, nicht gleich soweit gehen wie der amerikanische Transzendentalist Ralph Waldo Emerson aus dem letzten Jahrhundert: »Der Weise bleibt zu Hause. Das Reisen ist des Narren Paradies«. Emerson war Narr genug, die große weite Welt als eine einzige Irrenanstalt zu sehen, und darin wollen wir Narren ihm nicht folgen. Ob wir nun verreisen oder daheimbleiben, ist nicht deshalb eins, weil wir unser liebes Ich ja doch überallhin mitnehmen (statt die Welt in unsere gute Stube zu lassen), sondern unsere noch viel liebere Ich- und Selbstlosigkeit. Urlaub ist als »Ferien vom Ich« die Suche nach dem wahren Selbst, heißt es salbungsvoll.

In Wirklichkeit besteht unser »wahres Selbst« natürlich immer nur in der (bestürzenden oder im Gegenteil erleichternden) Entdeckung, wahrhaft gar nicht selbst da zu sein und auch nie existiert zu haben. Aber wem verhilft eine aben-teure Reise schon zu einem so bereichernden Mangelerlebnis? Ich will stets umso mehr freie Zeit für mich allein, je weniger ich damit anfangen kann. Weiß ich sie zu nutzen, ist das Leben schon fast zu lang. Ich gewinne durch die Technik Zeit, um sie mir vertreiben zu müssen, und spare lebenslang Zeit, um sie nur totschlagen zu können. Schopenhauer hatte ja Recht : Langeweile läßt sich am wirksamsten vertreiben durch Not und Elend. Und das Ende der Not ist für die meisten von uns auch schon der Startschuß für eine Alleinherrschaft der Langeweile. Urlaub, Ferien und Freizeit heißt, diesen Kreislauf, dem wir ausgeliefert sind, für kurze Zeit scheinbar in eigene Regie nehmen, also sich freiwillig kleinen Mißgeschicken aussetzen, um in den Genuß zu kommen, sie noch gerade beheben zu können und vor uns selbst zu verbergen, daß wir es selbst sind, die diese Hürdenstrecke vor uns aufgebaut haben. *To get into trouble and out again is keeping up with the Jones.* Zu viele suchen im Urlaub die freie Natur auf einem Campingplatz an der Sonne. Wer campt, sucht aber das Überleben weniger im Freien als im Überwachungsstaat, der dort en miniature eingeübt wird. Da geht es von Maloch zu Masoch. (Auch Drogen-Trips sind Urlaubsreisen, die niemanden von der Stelle bringen.)

An den Sehenswürdigkeiten des Reiseziels stört uns die steife Würde, und Museen, Galerien, Theater und Pinakotheken besuchen wir zu Hause ja auch nicht. Was ich bei mir zu Hause nicht einmal suche, finde ich, wie ich gebaut bin, erst recht nicht anderswo in der Welt. Der Reisende sieht Land und Leute wie der Zuschauer sein TV-Programm : Das Fernsehen zeigt Bilder wie aus dem Leben gegriffen, seit das Leben der Fernseher wie auf dem Bildschirm abläuft. Unsere Berufsarbeit ist so hart, weil sie so sinnlos ist, und dem Urlaub ist gut anzusehen, wovon er befreien soll. Was der Geschlechtsverkehr in der Woche, das soll der Reise- und Fremdenverkehr im Jahr sein, also wochenlang Sonntag ohne Woche davor und danach, ein ewiger Feiertag ohne Feierabend.

Am langweiligsten geraten stets die Maßnahmen gegen die Langweiler. Der wahre Tourist ist natürlich einer, der nicht als Tourist reist. Früher reiste man als »Kultourist«, aber das hatte sowenig mit Kultur zu tun wie der heutige »Natourismus« mit Natur. Wir zerstören die letzten unberührten Biotope durch unsere Versuche, sie zu finden, zu erleben und zu schützen. Früher verhielt der Begüterte sich zum Minderbemittelten wie der Individual- zum Massentourismus, aber heute ähnelt der Abenteuerurlaub eher einem Überlebenstraining für den rauen Alltag daheim als einem Urlaub von ihm. So häufig von Kulturkritikern nun die bessere gegen die blödere Art des Reisens verteidigt wird, so selten gegen jedes Reisen das schlichte Daheimbleiben. – Daheimgebliebene sind Zurückgebliebene. Der Traum des Berufstätigen ist der Traumurlaub, der Traum des Urlaubers ist die Traumreise.

Reisen ins Blaue sind die Utopie der Seßhaften, das Stubenhockgrab ist die Utopie der Wurzellosen, das ist meine Hypothese, und »Hypo-These« heißt Unter-Stellung. Flüchte ich ins Reisefieber vor dem Arbeitsleben oder vor meiner Unfähigkeit, im stillen Kämmerlein endlich das zu tun, wovor ich mich durch den Alltag erfolgreich schütze? Das Reise tut im Urlaub ziemlich genau das, was der Berufsalltag während der übrigen Zeit leistet: mich zu bewahren vor dem Offenbarungseid des N-ich-ts. Die Gebildeten sind den Rechtsaußen verfallen, weil sie zu wenig und nicht etwa zu viel unpolitische Innerlichkeit hatten. Sie hatten diese degagierte *Innerlichkeit* meistens nur propagiert und nicht auch kultiviert.

Reisen lenkt so schön ab von Arbeits- und Innenwelt zugleich; die Betriebsruhe fordert den Ruhebetrieb. Satiren haben sattsam verhöhnt, wie wir die Wohnung unserer Gewohnheiten überall mit hinnehmen durch die Art, wie wir sie hinter uns lassen wollen, und wie wir das Unerwartete verpassen durch die Formen, es herbeizulocken. Die Fremde schafft das traute Heim so naturgetreu nach, wie unser *Balkonien* daheim die ganze Welt werden kann. Nichts sehen, nichts hören, nichts sagen: Am beliebtesten sind Gegenden, wo von Einheimischen nur dienstbare Geister zu sehen sind. Unser Verdienst besteht darin, sie an uns verdienen zu lassen, indem wir uns von ihnen bedienen lassen, und wenn das nicht klappt, sind wir „echt" bedient.

Beliebte Gegenden im Ausland, gleichsam schöne „Auslandschaften", sind meist nur Flucht vor häßlichen Ausländern. Wir brauchen sie, ob wir nun bei ihnen zu Gast sind oder sie bei uns: Sie bedienen mich mal bei uns, mal bei ihnen selbst. Statt das Land kennenzulernen, lernen wir bestenfalls Landsleute kennen, die es auch nicht kennenlernen wollen. Reisebekanntschaften verbindet nur Unvermögen und Unwillen, am Reise-Ort und bei seinen Bewohnern auch wirklich „anzukommen". Auslandsreisen sind zu oft nur Fortsetzung der Stadtflucht mit anderen Geldmitteln, obwohl gegenüber den Ferien-Ghettodörfern und Urlaubsstränden die Hauptstädte der meisten Staaten nun wirklich Oasen der Freiheit, der Anregung und Besinnlichkeit sind, gerade in der Hauptreisesaison.

Man reist anders, als *man* reist.
Die meisten Reiseberichte und Urlaubsdiavorträge von Bekannten verleiden einem das Reisen wie auch die Bekannten. Der größte Luxus ist ein Verzicht auf solche Luxusreisen. Reisende erleben selten etwas, das der Fernseher daheim nicht besser und billiger bietet. Die Unfähigkeit zu reisen wird nur noch überboten von der Unfähigkeit, zu Hause zu bleiben, ohne

zu verzweifeln. »Reisen« hat denselben Wortstamm wie das englische »rise«, aufsteigen, erregt und bewegt sein. Es hängt zusammen mit (ent)rinnen, rennen, rasen und reiten. Der Spott sieht im Reiseverkehr einen GV mit der schönen Fremde(n) und auch in der wahren Liebe einen Fremdenverkehr. Wer auf Reisen geht, geht fremd mit der Welt, und Fremdeln gilt als bestes Heilmittel gegen Entfremdung seit alters her. Ich verreise erst wieder, wenn ich zu Hause eines Tages wirklich etwas versäumen sollte. Ich b-leibe und k-lebe. Wer niemals aus seiner Vaterstadt herauskommt, ist deshalb noch kein Immanuel Kant, ich weiß wohl, aber der junge Kierkegaard machte zusammen mit seinem Vater die schönsten Weltreisen als Spaziergänge – in der Kopenhagener Wohnung. Ich bin ein ewiger »Heimreisender« : Ich reise nicht heim, ich reise nur daheim und verlasse meine Gewohnheiten eher als meine Wohnung. Der chinesische Ur-Taoist Chuang-tsi sah jedermanns Seligkeit darin, im Geburtsort zu leben und zu sterben. Mein Brotberuf ist eine Kette täglicher Dienstreisen zur Arbeitsstelle : Auf dem Weg zwischen Wohnzimmer-Sessel und Büro-Drehstuhl fällt mir mehr auf als anderen zwischen Zürich und Acapulco, nämlich nichts – nichts als Leute, die in Zürich und Acapulco gewesen sein wollen und das nie so ganz glaubhaft machen können, wenigstens nicht einem, der auf seinen passionierten Nichtreisen wenigstens erlebt, daß seine Mitmenschen auf ihren Weltreisen so rein gar nichts erleben, was der Rede und des Reisens wert wäre. Also erlebe ich daheim doch etwas mehr als andere unterwegs.

Meine Reisen sind Lektüre von Reiseberichten aus der Feder von Leuten, die Geist genug haben, von der Stelle zu kommen, und das Reisegeld nicht besser nach Afrika spenden, statt damit dorthin zu fahren. Ich selber fühle mich im Leben zu sehr auf bloß flüchtiger Durchreise, um es lohnend zu finden, auch nur meine Koffer auszupacken und mich in der Welt allzu häuslich niederzulassen und breitzumachen. Erfahrungen machen Schriftsteller nicht auf Fahrten, sondern am Schreibtisch, sagte Max Frisch. »Wohin denn ich?« fragte Hölderlin. – »Wohin anders als anderswohin?« antwortete Baudelaire. »All unser Unglück kommt daher, daß wir nicht ruhig in unserem Zimmer sitzen können«, wußte Blaise Pascal schon früher. Luft, Luft schreien wir und haben vergessen, den Gashahn selber aufgedreht zu haben, doch diese Luft, die wir Erstickenden brauchen, die sind wir füreinander.

Das moderne Lustprinzip ist weitgehend ein Reiselustprinzip, aber moderne Reiseberichte lassen philosophische Zweifel verstehen an der Existenz einer realen Außenwelt überhaupt. Wer kommt noch heraus aus sich und seinen Simulationen und Videologien? Eine Traumreise ist ein Traum von einer Reise. Eine Reise ist nicht überflüssig, weil uns sowieso überall die US-amerikanische Welteinheitskultur empfängt, sondern weil wir ohnehin glauben, daß uns überall auf die gleiche Weise übel (mitgespielt) wird, daß uns Sehen und Hören vergeht und wir nur erfahren, was wir gar nicht erfahren wollten.

„Bildungsurlaub" ist keine Fortsetzung der alten Bildungsreise mit anderen Fortbewegungsmitteln, sondern ein Berufsfortbildungskurs, der anstrengender zu geraten pflegt als der durchschnittliche Berufsalltag. »Bildungsreisen« hießen früher nicht so, weil Ungebildete das partout nicht bleiben wollten, sondern weil nur Gebildete sie machten, als es noch welche gab. Der Sinn des Reisens ist die Entdeckung, daß die Welt noch nicht halb so viel hält, wie sie nicht nur auf Reiseprospekten verspricht. Enttäuschend ist weniger die Welt als immer nur die erbitterte Weigerung der Reisenden zuzugeben, daß sie enttäuscht sind und daß sie weniger getäuscht wurden, als sich selber getäuscht haben, weil sie sonst gezwungen wären, mit der Verbesserung ihrer Welt endlich anzufangen, statt die unverbesserte Welt immerfort unverbesserlich zu bereisen. Wir sollen uns in der Welt frei bewegen, aber nur als Belohnung dafür, daß wir sie endlich in Bewegung setzen. Und sie bewegt sich doch, die Erde? Irgendwo hatte die Kirche doch Recht gegen Galilei. Niemand ist sterbenslangweiliger als Leute, die sich an ihren Reisezielen nicht zu Tode zu langweilen vermögen. Aber natürlich sind die Menschen verschieden, bevor sie verscheiden. Die einen fühlen sich nur unterwegs zu Hause; andere gewinnen ihre Beweglichkeit erst innerhalb der eigenen vier Wände, gegen die sie unentwegt laufen, oder gar im eigenen Bett. Der Wunsch, etwas Besonderes zu erleben, wird mehr als aufgewogen von der Angst, etwas zu erleben, das man keineswegs erleben möchte, und die Angst vor solchem Wunsch wird zum Wunsch nach dieser Angst und führt auch nicht weiter. Urlaub ist Beschädigung durch die Entschädigung für das ganze Lebensjahr. Ich hänge im Urlaub daheim herum und mir vor die Tür ein Schild : Verreist. Die schönste Reise ist die nicht angetretene, weil der schlimmste Urlaub der ist, der schön zu sein hat. *Gute Reise!* Wer von den Lesern nun immer noch glaubt, der Autor dieses Pasquills müsse ein depressiver Freund pfahlbürgerlichster Reisemuffel sein, hat nicht begriffen, daß es besser und billiger ist, gleich zu Hause zu bleiben, statt bloß frisch als das blinde und taubstumme Rindvieh zurückzukommen, das losgefahren ist. Wenn einer eine Reise tut, dem kann man was erzählen.

„Geistige Atmosphäre"

Immer nur dieses Sausen, mal wärmer, mal kühler ... dieser Wind über der Steppe, leeres Saugen der Ferne am Gesicht hier ... diese kühle Beschaffenheit der Luft, vielleicht nur das Blutrauschen im Ohr, ein vegetativer Grundton ... Nichts zu hören und zu sehen ... Nur ein fahles Dämmern über den Wassern auf dem Wege vom Dunkel ins Helle oder umgekehrt und zurück, nicht auszumachen ... nicht auszuknipsen und nicht zu erkennen ... Das in der Luft erfrorene Sausen im grauen Lichtdunkel ... ein Ziehen und sanftes Drängeln von allen Seiten, aus wechselnden Richtungen, ein Zerren an Haaren und Wangen, am Auge anders als am Hals ... ein ziehendes Sausen, angesaugt von unsichtbar bleibenden Zielen und gestoßen von unauffindbaren Quellen ... wie kurz vor dem Ausbruch von Zahnschmerzen in der Nacht, in dieser „Wolfsstunde" vor der Morgendämmerung ... dieses jahrtausendealte Sausen ... Und nie etwas wirklich verstanden, nie irgendetwas, niemals. Auch niemals verstanden, warum nicht ... nie auch nur ein bisschen ... Irgendwann plötzlich verstanden, daß da nichts zu verstehen ... daß nie etwas je verstanden ... Immer nur davorgestanden wie ... wie die Kuh vorm neuen Tor und die dünnen Fühler ausgestreckt, wie man so sagt, um Fühlung aufzunehmen ... haha, Fühlung, auch so ein Wort aus ... ja, eben gefühlt ... was denn anderes gefühlt als den Stromstoß? Ja, was denn sonst ... Nie etwas verstanden, nicht das Allergeringste, nichts im Zusammenhang und nichts im einzelnen ... immer nur so ungefähr ins Ungefähre, um den donnernden Lastwagen in letzter Sekunde gerade noch ausweichen zu können, ja, und sich in die Büsche zu schlagen ...

Nie etwas aus tiefstem Herzen eingesehen, nur ... nur diese Stromstöße ... Erst tut das weh, und es kommt ja wohl darauf an, daß es so schnell wie möglich nicht mehr weh tut ... das ist schon alles und ziemlich viel, mehr war da niemals ... Dann wieder Dösen. Dann Aufschrecken. Dann wieder Dösen und Dämmern. Aus heiterem Himmel, wie man wohl so sagt, wieder ein Stromschlag, von irgendwoher, mal stärker, mal schwächer, mal kürzer, mal länger ... Nie vorherzusehen, aber aus dem Gedächtnis miteinander zu vergleichen ... Und niemals irgendetwas gern gehabt, nie wirklich gern gehabt, nie mit ganzem Herzen gehangen an ... immer rechtzeitig losgelassen, was jemals zufällig in die Hände kam, sobald von irgendwoher ein fremder Anspruch darauf, von irgendwem ... eine Sekunde zu lange festgehalten: Stromstoß. Ein Krampf in der Hand, die nicht schnell genug losläßt, mehr nicht. Ach, diese Redewendungen von früher, ja, ja, aber die von heute sind fast noch schlimmer ... Nie etwas wirklich verabscheut, niemanden so richtig gehaßt ... so von Herzen zu Tode hetzen ... nie jemandem einen Wutanfall wert gewesen. Und nie jemandem gegönnt, einem so richtig wehzutun ... Immer alles noch so gerade rechtzeitig fahrengelassen, bevor ... und einfach dem überlassen, der daran zog ... Nie etwas begriffen, nein, nie in den Kopf hineinbekommen, niemals ... Und nie etwas gefühlt, außer diesen Kopfschmerzen ... Und keine Erleichterung durch warme Tränen. Aber was heißt schon Erleichterung, wo doch nie etwas wirklich schwer war ... Und dann und wann diese Stiche ... Reißen und Schneidendes durch und durch, vom Himmel bis hinunter in ... Das kann zugegeben werden, das gerade noch, ohne daß ... Und nie etwas ernst genommen, niemals ... Keine Zeit, das ruhig wachsen zu lassen bis, bis ... Aber auch niemals etwas leicht genommen ... Immer haarscharf vorbei an dem, worauf es vielleicht angekommen wäre, wenn ... Ach was ... Nie etwas wirklich gewollt und ersehnt und zu wünschen gewagt, mit allem Drum und Dran, so mit Mühe und List, es zu erreichen, oder mit Wut und Trauer, falls nicht... Und nur ganz wenig geatmet immer ... gerade so viel, um nicht im Gesicht blau anzulaufen ... Und dann kurze abrupte Ausbrüche von Ausgelassenheit, die Anfälle von Überdrehtheit, zwischen zwei Stromstößen, die aufgekratzte Schadenfreude, sobald einer in den Dreck fällt, mit der lauten Fresse in die frische Scheiße voll fetter Schmeißfliegen, ja, ja, ja ... und dann diese üppig aufgefahrenen Herrlichkeiten, das ganze strotzkalte Aufgebot ... auch manches halbwegs Gelungene darunter, dem die violettgeschwollene Stirnader noch anzusehen ... das zitternd Überanstrengte ... sie können nicht anders, es juckt und reizt sie, sie brauchen jemanden, vor dem sie es ausbreiten können, einen, der stillhält, wenn ... sie karren es heran und breiten es gern aus, vorteilhaft drapiert, vor beifallsüchtigen Hochglanzgesichtern, diese Autos und Häuser und ganzen Fabriken und Urkunden ... ihre Kinder und andere Kindereien ... und das ganze goldrichtige Verhalten ihrer Verhaltensforscher ... irgendwelche Beherrschungen und andere Ungeschicklichkeiten, all ihre Schätze, fragend aufgetürmt vor seinem wegwischend unsichtbaren Achselzucken, diesem unhörbaren „Na und?" ... Und unterwegs vergessen, wozu das alles gerafft und gehortet und heiß begehrt, warum so viele Opfer dafür, vergebliche Opfer so vieler toter Generationen, alles vergessen wofür ... Auch vergessen, daß alles vergessen ... Nur dieses leere Sausen im schmutzigen Dämmerlicht ... nie begriffen, daß längst alles begriffen, was zu begreifen ... Nicht einmal begriffen, was Begreifen wäre ... Nur ewig ins Halbdunkel starrend und horchend, bereit, alles loszulassen und sofort die Beine in die Hand zu nehmen, wenn es wieder ... Immer nur dieses Sausen, mehr nicht. Mal heißer, mal kühler, mal unspürbar fast. Dann wieder am Gesicht reißend, dieser unbewegte Wind über der Steppe. Ein hohles Sausen aus einer Ferne in eine andere gegenüberliegende Ferne, mehr nicht. Ein in der Luft erfrorenes Fauchen. Ein fast unhörbares Saugen aus der Zukunft, eine bloße Beschaffenheit der Luft ... oder vielleicht nur eine Eigenart der Ohren, der Grundton des Blutrauschens, aus einer Überempfindlichkeit heraus, aufdringlich. Und ein dreckfahles Leuchten, eher eine Qualität der Finsternis, ein Schimmer auf dem Wege vom Hellen ins Dunkle oder umgekehrt, nicht auszumachen, nicht zu erkennen und nicht auszulöschen ... ein leeres Sausen im Dämmerlicht, ein bloßes Ziehen und Drängeln des Weltraums, ein Zerren an Haaren und Wangen, mal wütend, mal schmeichelnd, an Hals und Augen, angesaugt von einem unerfindlichen Ziel, getrieben von einer unerreichbaren oder nie verlassenen Quelle, und der Ursprung ist nicht das Ziel, aber das Ziel ist die Quelle oder ähnlicher Blödsinn ... Nicht mehr von dieser Welt, nicht Wiesen und Felder, Schluß jetzt, nicht einmal Namen, mit den Namen fängt alles wieder an, dann gibt es kein Halten mehr, und mit dem Wort 'Felder und Wiesen' ist auch der Rest der ganzen Scheiße da, Schluß jetzt, damit das nicht erst einreißt ... Nie etwas erlebt und empfunden, nie etwas bemerkt und ... erfahren. Niemals ganz dagewesen, nie etwas je dagewesen ... nie ein Hindernis, nicht einmal gar nichts, nur dieser ... dieses ... Vielleicht der letzte sterbende Blick auf den Sternenhimmel und den Weltraum voller Energien, ungeheure Energieumsätze, die durch uns hindurchgehen, und wir in unserer windstillen Nische im wirbelnden Universum, auf unserem paradiesischen Planeten ... Ach was ... Alles nur zu gut verstanden und doch nichts genützt ... Aber vielleicht, vielleicht alles immer nur mißverstanden, dieses Sausen ... oh, diese wunderbare Schöpfung aus Nichts in Nichts ...

Ist die **Entscheidungslogik** auch als **Modallogik** u. u. darstellbar ? Beispiele : ! p (p entschieden) = N M N p (unmöglich nicht Faktum p) = L(ewis: notwendig)

Notationen : p+q (Konjunktion)
? p (unentschieden) = M(öglich) p oder : Mp + MNp = M Z = C(ontingent)..

Einfach unentschiedene Unentschiedenheit :
? ? = M(M) : Widerspruchsfrei und vereinbar mit M.

Mp + MNp (Mp + MNp) = CC (Kann es sowohl wahr als auch falsch sein, dass p sowohl wahr als auch falsch sein kann?) etc. Oder anders gewendet :

? p = MNp = Z(ufällig) p :
Z unvereinbar mit MN(MN) = ZZ etc. :

? ? p = MN(MN) = M(NMN) =
M L p (p möglicherweise notwendig : ZZ)

ZZZ p : X X X p = MN(ML) = M(NML) = MLNL (möglicherweise notwendig zufällig)

Ist "Zufälligkeit" (Z = LZ = NL) also als endliche und "Möglichkeit" (M = MM = LM = ZN) als „unendlichfach iterierbare Unentschiedenheit" *(H. Schmitz)* darstellbar ?

Jugendliche Theorie-Einflüsse

ATOMPHYSIK/ASTRONOMIE. Reine Erkenntnis um der Erkenntnis willen, Grundlagenforschung ohne technische Nutzanwendung, das Prinzipielle schlechthin. Makro- ist Mikrokosmos: Atome, Zahlen, Kraftfelder, leere Räume, Aber die mathematische Naturwissenschaft ist das Herrschaftswissen nicht des Außenseiters, sondern der Gesellschaft.

FORMALE LOGIK : Lebensängstlich klosterpriesterliches Glasperlenspiel des reinen Geistes mit sich selbst.
Konsequenzlogik des Willensschwachen.
Weltflüchtiges Weltherrschaftswissen im Sandkasten.

HEGEL : Tiefsinn, Feinsinn, Scharfsinn. Dialektik als sophistische Rhetorik läßt den Schwächeren gewinnen und den Sieger verlieren.

CONRAD-MARTIUS : Naturphilosophie + Naturwissenschaft + christlicher Existenzialismus. Jedes Ding ist als manisch-depressives Produkt aus Licht und Schwere zu verstehen.

HEIDEGGER : Die proletarische Existenz entwirft ihre eigene Welt. Ablehnung der Gesellschaft durch Anlehnung an Mutter Natur. Ressentiment des Ohnmächtigen.
Nihilismus als geistiger Trimm-dich-Pfad.

SARTRE : Individuelle Freiheit, Zukunft ohne Herkunft, überschreitet die Welt und löst sich von Mutter Natur. Der Held der Vorpubertät erfindet und produziert sich selbst. Freiheit des Arbeiterkindes von allem zu gar nichts als Freiheit von nichts zu allem. Mach was aus dem, was aus dir gemacht wurde. Ich machte Sprachkristalle aus mir, Welten aus Worten.

ADORNO : Avancierte Kunst des proletarischen Individualisten contra Kulturindustrie der Allgemeinheit. Ohnmächtiger Geist besiegt mächtigen Ungeist.
Esprit de finesse als Siegeswaffe der Kleinen.

FREUD : Selbsterkenntnis und aggressive Entlarvung anderer. Sich selbst helfen und vergrößern, andere verletzen und verkleinern - durch Analyse.

CHESTERTON : Christentum + Esprit + Dialektik

Untätiger Geist oder geistlose Untat ?

Um 300 vor Christus gab Euklid seinen Unterricht. Nachdem ein junger Mann den ersten Lehrsatz der Geometrie verstanden hatte, fragte er den Lehrer: „Was nützt mir nun diese Wissenschaft?" Euklid rief einen Sklaven und forderte ihn auf: „Gib dem jungen Mann eine Münze, denn er möchte von seinen Wissenschaften einen Nutzen haben."

Gemessen am antiken Denken, verzeichnete die Philosophie des 20. Jahrhunderts wenigstens theoretisch ein gewisses Übermaß an „Praxisbezug". In gelehrten Abhandlungen wurde bevorzugt behandelt, was sich sozial verhandeln ließ, und die „praktische Relevanz" ersetzte eine gut begründbare Aussagenwahrheit. Nützliche Taten und Untaten verkleideten plötzlich die nackten Tatsachen.

Drei Strömungen beherrschten das Jahrhundert. Das *analytische* Denken der angelsächsischen Welt sprach über Wirklichkeit, indem es über wirksamen *Sprachgebrauch* sprach, um „performativ" etwas Brauchbareres auszurichten. Die *phänomenologische* Methode hatte großen Erfolg nicht als rationale, sondern in „existenzialer" Form. Husserl erschaute noch Wesentliches, Sartre erfand sein Wesen, und die angenommene Vernunft war ersetzt durch geplante Zukunft, also Einsicht durch Absichten, Gedanken durch Gefühle, ein wahrer Satz durch wahren „Einsatz", abstraktes Wissen durch konkreten Willen und blutarmes Lesen durch blutiges Leben. Das *dialektische* Denken schließlich geriet oft nur recht subjektivistisch, wo es wie bei Hegel idealistisch daherkam, oder aktivistisch, wo es materialistisch wurde wie bei Karl Marx, der Feuerbachs „sinnliches Anschauen" der Materie überbot durch ein sinnvolles Einhandeln von

Materiellem. Die Natur, das ganz Andere, wird nicht mehr objektiv erforscht, sondern forsch verändert, bis sie nicht mehr anders ist als der Verändernde. Einmal ist Natur ein bloßer Rohstoff für Geist, dann für Fabriken, und erst wurde sie nur immer betrachtet, nun wird sie nur noch beherrscht.

Das analytische Denken lief immer mehr hinaus auf pragmatischen Nutzen. Gutes Wissen weiß, wozu es gut ist, gut also nicht nur zu wissen. Habermas unterwarf das objektive Erkenntnisstreben (inter-)subjektiven „Erkenntnisinteressen". Forschung wurde inzwischen zu teuer, um nicht motiviert zu sein vom Ziel sozialpraktischer Erfolge. Husserls sachgerechte „Intentionalität" verkehrte sich zunehmend in zweckgerichtete Intentionen. Der Phänomenologe Hermann Schmitz etwa stellte *affektives Ergriffensein* über objektives Begreifen der Objekte und subjektives *Betroffensein* von gutdurchbluteten Gefühlen über jedes nur objektive Zutreffen von blutarmen Aussagen. Der Marxist Sartre setzte existenzielle Wahrhaftigkeit weit über objektive Wahrheiten und aufrichtige Handlungen über sachgerechte Abhandlungen.

Tätigkeiten waren keine Mittel mehr, um Theorien zu entwickeln, sondern Theorien umgekehrt wurden Instrumente, um große Untaten vollbringen zu können. Realitäten wurden nur noch konzeptualisiert, um diese Konzepte zu realisieren. Wissen sollte nun allen menschlichen Bedürfnissen dienen – außer dem bloßen Urbedürfnis nach Wissen. Erkenntnis um ihrer selbst willen, Wissen als Selbstzweck, gilt bis heute als verpönt und widersinnig, als sinnlose Verschwendung von Ressourcen und Kapazitäten; Selbstzweck klingt wie ein Selbstwiderspruch. Verantwortungslos wirkt schon Forschung, die gar keine Antworten sucht auf die „drängenden Fragen der Zeit". Sprachanalytische Pragmatisten wie neomarxistische Sozialpraktiker haben eins gemeinsam, sie wollen schwere Probleme nur lösen, um das Leben zu erleichtern. Der Verstand stellt sich in den Dienst des Wohlstands und hat in seinem Gegenstand nur noch den Widerstand dagegen. Das Können wurde zum Zweck des Kennens, statt dass das Wissen der Zweck des Willens ist.

Es wird Zeit, dass die Prioritäten wieder angemessenere Proportionen finden: Das theoretische Leben war einmal und sollte wieder werden der Zweck jeder Praxis und nicht das aktive Leben der Zweck jeder kontemplativen Passion. Das stille Betrachten der Dinge sei das Ziel jedes ruhelosen Trachtens nach ihnen und nicht umgekehrt, aber die Wissenschaften sind heute Machenschaften, die alle Bedürfnisse befriedigen wollen und sollen – bloß nicht das Bedürfnis nach bloßem Wissen. Man soll nun an seine unreinen Genüsse denken, aber kein reines Denken genießen.

„Der Pragmatismus dreht sich um die menschlichen Bedürfnisse, und eines der vorrangigsten Bedürfnisse des Menschen besteht darin kein bloßer Pragmatiker zu sein." *(Gilbert Keith Chesterton)*

„In einer ehrwürdigen Universität müßte die bloße Erwähnung eines zeitgenössischen Problems verboten sein." *(Nicolas Gomez Davila)*

Mathematik ist heute gerechtfertigt als Werkzeug der Naturwissenschaften, Physik als Werkzeug der Technik, Technik als Instrument der Industrie und Industrie als Mittel des Massenkonsums – Konsum aber nun nicht als historisch erstmalige und einmalige Möglichkeit, z.B. reine Mathematik nicht nur lebenslänglich studieren zu müssen, sondern ungestört lebenslang studieren zu dürfen, ohne damit Geld verdienen zu wollen. Wer würde denn heute freiwillig Mathematik treiben, wenn sie nicht zufällig notwendig wäre für den technisch-industriellen Fortschritt, aber wer nutzt die Segnungen der industriellen Füllhörner, nicht länger fleißig im Acker wühlen zu müssen, sondern endlich unanwendbare Mathematik treiben zu können? Man sollte nicht ein wenig Mathematik studieren, um viel Geld verdienen zu dürfen, sondern ein wenig Geld verdienen müssen, um viel brotlose Mathematik treiben zu können. Um folgerichtig denken zu können, muß man zum Glück keine mathematische Logik beherrschen, sondern viel folgerichtig nachgedacht haben, um sie am Ende entwickeln zu können, und genau das wäre ja zu tun. Hegel sprach von Gottes Gedanken *vor* der Schöpfung, von „diamantenen Netzen" der Logik.

Die zeitgenössischen Lebensideale gelten als so selbstverständlich, dass man schon ganze Jahrhunderte zurückdenken muß, um ihrer zuweilen grotesken Befremdlichkeit überhaupt ansichtig und inne zu werden. Alle Formen dessen, was vor Zeiten einmal *höheres Leben* geheißen hatte, sind nun gründlich desavouiert und diskreditiert. Der Kanadier Charles Taylor zeigte in seinem letzten großen Werk „Ein säkulares Zeitalter", dass die früher bewunderten Höchstleistungen einer aristokratischen Kriegerehre, einer mönchischen Ordensaskese und der gelehrten Elfenbeinturmklausur seit langem als so entwertet lächerlich dastehen, wie auf frühere Zeiten unsere Idole der Extremsportler, Medienstars, Topmanager, Jetset-Playboys und dezentralen Teamwork-Netzwerker gewirkt hätten. Normalverbraucher halten sich im gesetzlichen Rahmen von Produktion und Reproduktion, von verwissenschaftlichtem Arbeitsleben und atheistischem Familienleben. Man zeugt Kinder und erzeugt Waren – oder sorgt dafür, dass beides läuft. Auch Forscher haben hochdotierte Industrieposten oder sind staatsbeamtete Experten, und selbst Künstler wurden subventionierte Konventionsbekämpfer, polyzentrisch prozessural dynamisiert.

Nach Feierabend legt sich der Zeitgenosse kulturelle Sahnehäubchen auf seinen Komfort. Kino und Fernsehen zwischen Fußball und Opernball, zwischen Shoppen und Poppen, Krimiserien und Horrorthriller, Theater und Museen, Gemäldegalerien und Musikkonzerte ergänzen sinnreich Joggen und Yoga, Fitnesscenter und Fotosafaris, Eventpakete im Abenteuerurlaub, Wellnessparks und Schönheitsfarmen. Alles wird im Konsumdiscount feilgeboten, und alles vielfältig Bunte hat die eine graue Farbe gemeinsam: es ist eine einzige Flucht vor dem einzigen, was doch not täte, nämlich einsame Dauerversenkung in eine materiell unvergütete Materie, um auf einem geistigen Feld ein echter Spezialist zu werden, ein Meister in einer entlegenen Disziplin der Künste und Wissenschaften. Diese stehen umso niedriger, je näher sie der Lebenswelt gewitzter Zeitgenossen kommen, und haben eine innere Hierarchie, die nicht mehr erkannt und anerkannt zu werden pflegt und gerade deshalb entscheidend ist. *Historiker, Soziologen und Psychologen* z. B. fischen im Trüben von traurigen Wissenschaften über trostlose Gegenstände, obwohl und weil sie unser Alltagsleben dort erfassen, wo es am lautesten und bewegtesten ist, bei Recht und Moral, in Volkswirtschaft und Gastwirtschaften. *Physiker, Chemiker und Biologen* z. B. entfernen sich schon merklich aus allgemeinmenschelnden Sphären und betreten außermenschliche bis außerirdische Zonen der Flora und

Fauna, der Steine und Sterne. Eisig, stolz und filigran kristallin wird es aber erst auf den abstrakten und formalen Höhen, dort, wo purer Geist es nur noch mit sich selbst zu tun hat, menschlicher Verstand mit außermenschlichem Intellekt, so auf den Gebieten der reinen Mathematik, Geometrie und formalen Logik.

Hier verlassen wir den Sektor der konkreten Anwendungen, der praktischen Realisierbarkeiten und Kosten-Nutzen-Rechnungen, also unsere brutwarmen Mittelbereiche zwischen Elementarteilchen und Galaxien, die auf andere Weise unmenschlich sind als die blutenden oder blutrünstigen Objekte vergleichsweise weicher Kultur- und Humanwissenschaften.

„Insofern sich die Sätze der Mathematik auf die Wirklichkeit beziehen, sind sie nicht sicher, und insofern sie sicher sind, beziehen sie sich nicht auf die Wirklichkeit." (*Albert Einstein*: „Mein Weltbild", Berlin 1955, Seite 119 f.) – „Es geht nicht um Wahrheit, sondern um Sicherheit." *(David Hilbert, 1925)*

Der europäische Rationalismus, der sich gnostisch über Leib und Weib, Geld und Welt erhob, hatte seinen ersten Höhepunkt beim pythagoreischen Homoerotiker Platon, der geometrische Idealfiguren im Logos und Kosmos zugleich sah. Pascal teilte seinen *esprit de géométrie* noch mit einem *esprit de finesse*, während der rationalistische Konstruktivismus des 17. Jahrhunderts triumphierte in der Analytischen Geometrie des Descartes, in Spinozas „Ethica more geometrico" und im Infinitesimalkalkül wie in der *mathesis universalis* des Leibniz. Kant vereinte dann den spontan integrierenden Verstand (Leibniz) und die differenzierende Sinnlichkeit (David Hume) zur (natur)wissenschaftlichen Erkenntnis. Die notwendigen

Antinomien in Kants „transzendentaler Dialektik" machte Hegel zum Widerspruchsgeist seines Systems, das Gedanken panlogisch über Gefühle erhob und sittlich Allgemeines über sinnlich Konkretes (obwohl dieser Logos eher psychologisch als kosmologisch war). Sein Gegner Schopenhauer sah sich als kontemplativ willensfreies „Weltauge" über allem Welttreiben, indem er in platonischen Ideen der Geometrie die ästhetischen Ideen der Kunst sah. Der phänomenologische Mathematiker Edmund Husserl befreite die apriorische Logik wieder von aller Psychologie und richtete seine platonische *Wesensschau* intentional auf den rationalen Logos der Welt.

Whitehead mit seinen leibnizianischen „Fußnoten zu Plato" und der *Cambridge Platonist* Russell begründeten den logischen Positivismus, der in Wittgensteins logischem Atomismus und in Carnaps logistisch-physikalistischen Axiomensystemen gipfelte, während dessen Schüler Van Quine die Logik eher pragmatisch (à la Peirce) als platonisch (à la Whitehead) nahm und sie de-apriorisierte zum bloß „härtesten Kern" jedes fallibel zu formulierenden Naturgesetzes. Dieser „Intellektualkultur" entsprach auch der singularistische Nominalist und Empirist seit Locke/Hume und der sensualistische Basisprotokollsatz der Neopositivisten bis zu den Kritischen Rationalisten Popper und Albert.

An Gegenprojekten hatte das 19. Jahrhundert nur die voluntaristischen Supersubjektivisten Fichte, Hegel, Schopenhauer, Nietzsche und das 20. Jahrhundert nach den Lebensphilosophen Dilthey, Bergson, Simmel die Existenzphilosophen Jaspers, Heidegger, Sartre oder die Neomarxisten Bloch, Adorno, Habermas etc. (Noch Niklas Luhmanns Systemtheorie ist eine *mathesis universalis* ohne spezielle Mathematik.) Das rationalistische Apriori lag aber nicht nur in Kants syllogistischen Urteilformen oder in logisch-mathematischen Kunstsprachen, sondern auch in *Sprechakten* der (meist angelsächsischen) Umgangssprache. Das mittelalterliche Christentum war übrigens nicht dem geometrischen Junggesellen Plato gefolgt, sondern seit Thomas von Aquin dem erfahrenen Familienvater Aristoteles.

Die ionischen Hylozoisten seit Thales und die Atomisten (Demokrit, Epikur, Lukrez) wie später der Mediziner Paracelsus (Sulphur, Merkur, Sal) waren frühe mythologisierende Naturphilosophen, bevor die neuzeitlichen Naturwissenschaftsphilosophen kamen wie Bacon, Galilei, Leibniz, Kant ... Carnap, Quine. Der Idealist Schelling entwarf eine romantische Naturpotenzenphilosophie von männlichem Licht und weiblichem Gewicht (Gravitation der Gravidität). In seiner „Kritik der Urteilskraft" sah Kant den Sinn für Naturschönes als Zeichen moralischer Qualität wie später der Quietist Schopenhauer, der in der Natur platonische Ideen objektiviert fand für das kontemplative „Weltauge" über allem Menschentreiben. Auch Adorno rehabilitierte gegen Hegels erzidealistischen Klassizismus das Naturschöne, während er das gefällig Kunstschöne als konformistisch abtat. Sein Antipode Heidegger entwarf in Spätwerken ein Denken der gewachsenen und unproduzierbaren Physis als „Aufgehen ins Offene". Mater-ialisten wie Bloch und spätere Ökonaturalisten dürfen hier übergangen werden. Etwas naturatmosphärische Feinheiten brachte der „kosmogonische" Eros von Ludwig Klages in eine sensualistisch ausgetrocknete Philosophie. Im 20. Jahrhundert haben nur die Phänomenologin Hedwig Conrad-Martius eine diskutable Naturmetaphysik und

Martin Seel eine diskutable Naturästhetik vorgelegt.

Mathematik und Naturwissenschaft sind spätestens seit Descartes und seit dem Infinitesimalkalkül von Newton und Leibniz eine seither für praktische Fortschritte äußerst fruchtbare Verbindung eingegangen. Löst man aber gut antik die mathematische Physik wieder auf in ihre Bestandteile mathematische Logik und kontemplative Naturpoesie, ergeben sich die beiden Hauptstränge idyllischer Weltbetrachtung noch vor aller (oder nach aller) lebenspraktischen Weltveränderung. Die altgriechischen Philosophiedisziplinen Logik, Physik und Ethik wären heute fortsetzbar als moralistische Zeitsatiren, quiet-magische Naturbukolik und „kulturidyllische" Logistik. Historisch denken heißt auch, zeitgenössische Lebensideale mit den Augen sowohl vergangener als auch künftiger Epochen sehen und relativieren zu können. Diese objektivierende Perspektive distanziert das allzu aufdringlich Aktuelle und immunisiert gegen den zeitgeistigen Konformitätsdruck. Künftige Generationen werden unserer spotten, wie wir früherer Epochen spotten, aber wären wir über ihren Spott erhaben? Die finstere Vergangenheit, die wir verachten, wie sie uns verachtet hätte, kannte nicht uns, die wir auch nicht die lichte Zukunft kennen. Das antike Ideal seliger Schau und unseliger Arbeit erklärt sich nicht nur aus technischem Unvermögen. Die asketische Selbstbeherrschung wird überflüssig in den Epochen technischer Naturbeherrschung, aber das theoretische Leben bleibt eine ewige Utopie.

+ + +

Witz und Geisteskrankheit

"Guten Morgen, Ron. Was hast du in der letzten Woche gemacht?"
"Vorgestern habe ich die Städtische Nervenklinik St. Patrick besucht."
"Bist du weitergekommen mit deiner Arbeit?"
"Ich habe veranlaßt, daß alle 87 Patienten dort als geheilt entlassen werden. Ein praktischer Beitrag zum Kostendämpfungsgesetz der Gesundheitsreform."
"Das ist doch nicht dein Ernst, das ist wieder einer von deinen Irrenwitzen!"
"Sind wir Anti-Psychiater, Dave, oder sind wir olle Irrenärzte von früher?"
"Ja, schon, aber ohne exakte Einzeluntersuchung einfach so entlassen?"
"Bist du verrückt ? Anti-Psychiatrie ist doch kein Alibi für Pfuscherei."
"Kennst du denn die Landesanstalt St. Patrick von früher her?"
"Ich habe das Gebäude zum ersten Mal in meinem Leben gesehen."
"Hattest du die Krankenakten vorher zu Hause studiert?"
"Ich bin doch nicht verrückt und lese die irren Pfuschereien von Kollegen."
"Aber Ron, wie hast du so schnell herausbekommen, daß die sechs Ärzte ihre Patienten zu Unrecht in der Klinik festhalten ?"
"Ganz einfach. Keine Pauschal-Amnestie. Ich bin von Patient zu Patient gegangen, alle 87 Leutchen, und habe jedem eine einzige Frage gestellt."
"Was kann das schon für eine Frage sein ? Da bin ich aber gespannt."

"Sind Sie ein Patient?"
"Nein."
"Witzbold. Ich meine, das hab ich jeden der 87 Patienten dort gefragt."
" – ?"
"Sind Sie ein Patient?"
„- ? -"
"Ja."
"Und was haben die armen Leute geantwortet ?"
"Die meisten haben gar nichts gesagt."
"Und daraufhin hast du Ihnen die Entlassungspapiere ausgestellt."
"Sie haben nur mit dem Kopf genickt. Die anderen haben die Frage bejaht."
"Und daraufhin hast du sie alle entlassen und die Angehörigen benachrichtigt."
"Völlig korrekte Diagnose, Herr Kollege."
"Ein Patient gibt zu, daß er ein Patient ist, und das beweist dir, daß er geheilt ist oder nie krank war? …... Also, bei allem Respekt vor deiner internationalen Reputation, Lieber, aber ist das nicht ein bißchen..."
"Ein bißchen irre, willst du sagen ?"
"Ist das wieder eins dieser berühmten Paradoxe meines weltberühmten Kollegen?"
"Ein Verrückter ist so verrückt, sich für verrückt zu halten. Wenn *das* kein Symptom blühender geistiger Gesundheit ist! Worauf beruht denn unsere Antipsychiatrie? Die sogenannten normalen Leute sind so verrückt, andere ebenso normale Leute für verrückt zu erklären und sich durch dicke Anstaltsmauern vor ihren Tobsuchtsanfällen zu schützen."
"Aber, Ron, entschuldige mal, das heißt doch nicht, daß die Ärzte die Verrücktesten der Verrückten sind und daß die Irren die Ärzte ihrer Ärzte sind. Nur Verrückte halten doch die Normalen für die wirklich

Verrückten und die Irren umgekehrt für die eigentlichen *Normalos*."

"Lassen wir das mal dahingestellt sein, Dave. Jeden Patienten habe ich da gefragt, ob er ein Patient ist, und jeder hat zugestimmt. Das ist alles."

"Na und? Angenommen, der Betreffende ist normal. – Dann stimmt es, was er sagt, und er ist wirklich ein Patient."

"Ja, aber ein normaler Patient, der nicht in die Anstalt gehört."

"Na schön. Aber nehmen wir mal an, er ist doch verrückt. Könnte doch sein."

"Dann stimmt nicht, was er glaubt, und das heißt, daß er gar kein Patient, sondern ein Arzt ist, - aber ein verrückter Arzt, der erst recht nicht dort arbeiten dürfte. Du guckst wie einer unserer echten Fälle von Stupor."

"Handelt es sich nun um einen irren Arzt oder um einen normalen Patienten?"

"Das kann man so nicht herausfinden, aber eins dürfte klar sein : In diese Anstalt gehören sie beide nicht."

"Na schön, du weißt, wie man Leute aus der Klapsmühle herausholen kann, ohne selbst hineinzukommen. Aber weißt du auch, wie man welche hineinbekommt, ohne selbst verrückt zu werden oder in den Knast zu kommen?"

"Dave, ich habe dich im Verdacht, daß du mich für verrückt hältst."

"Und du bist bescheuert, wenn du das glaubst."

"Du hältst mich für verrückter als die Patienten, die ich aus Kliniken befreie."

"Unsinn."

"Oh doch. Gib es ruhig zu, es kostet dich nicht meine Freundschaft."

"Ich müßte es doch wohl wissen, Ron. Aber warum bestehst du so darauf, daß ich dich für völlig meschugge halte?"
"Na, damit ich dir endlich einen schweren geistigen Defekt attestieren kann."
"Das ist doch völlig verrückt! Warum sollst du mich für irre halten wollen?"
"Du bist schließlich ein gefährlicher Rivale geworden in unserem Projekt."
"Man soll Geisteskranke ruhig ausreden lassen, um Tobsucht zu vermeiden. – Also bitte, du glaubst, daß ich dich für Dr. Mabuse halte. Na, und ?"
"Nun, wenn ich normal bin, dann habe ich recht und du glaubst tatsächlich, daß ich plemplem bin. Das würde doch bedeuten, daß du verrückt sein mußt."
"Aber wenn du bekloppt bist, dann glaube ich nicht wirklich, daß du bekloppt bist. Doch wenn ich normal wäre, dann würde ich dich für bekloppt halten."
"Also bist du in beiden Fällen verrückt, ob ich nun verrückt bin oder nicht."
"Du träumst ja mitten am helllichten Tag. Glaubst du an Träume, Ron?"
"Wir sind Psychiater, Dave, und keine Psychoanalytiker."
"Du meinst, wir leben von denen, die nicht an Sigmund Freud glauben."
"Das Leben ein Traum, Träume sind Schäume, also ist jeder ein Schaumschläger."
"Freud hat gesagt, Träume sind Wunschträume, also das Gegenteil von Tatsachen. Wenn ich die Wahrheit wissen will, dann muß ich wach sein, Ron, und wenn ich spinnen will, dann muß ich träumen."
"Aber manche Kranken träumen nur, daß sie wach sind. Von denen leben wir."
"Du weichst mir aus, Ron. Sind Träumer Wahrsager?"

"Ich selbst glaube, daß wir beide träumen und erst mit dem Tod erwachen."
"Dann bist du aber .der einzige Mensch hier im Zimmer, der träumt, lieber Ron."
"Wach auf, Dave, du sprichst im Schlaf. Wo bleibt da die Logik?""
"Wenn du wirklich wach bist, könntest du nicht zu Unrecht glauben, daß wir beide hier nur träumen. Also schläfst du. Das heißt, daß deine Annahme falsch ist, daß wir beide träumen. Also bin ich wach und du träumst."
"Was ? Ich träume nur, daß alle träumen, daß meine Patienten gesund und meine Kollegen verrückt sind und daß du hier vor mir sitzt und das alles sagst?"
"Nur wenn ich dich jetzt umbringen würde, würde ich dich wecken, Ron."
"Dann laß mich lieber schlafen, Dave."
"Na, dann träum weiter von der Befreiung der Irren, du Idiot."
"Meinst du, daß jemand entscheiden kann, ob wir hier nur Blödsinn reden?"
"Na, und? Ist das von dir oder von deinen Patienten?"

+ + +

Moralistik oder „*Moral sciences*"?

Philosophische Bedeutung und psychologische Ausdeutung in poetisch vieldeutiger Andeutung

Auch wenn man nicht so weit gehen will wie Derrida, der alle unter verschriftete Textproduktionen ablegte, rückt der vollberedete „linguistic turn" die „Sprachspiele" *(Wittgenstein)* der Literatur, Philosophie und Psychologie näher zusammen. Bekanntlich lesen sich Freuds Fallbeschreibungen wie literarische Novellen. Auch „das Unbewusste ist wie eine Sprache strukturiert" *(Lacan)* und das „Buch der Natur" mehr als eine poetische Metapher. Philosophie nun reflektiert die allgemeinsten Formen des „Sprachgebrauchs", aber auch der „Metasprachspiele". Hamann nannte Poesie die Muttersprache des Menschengeschlechtes.

„Der Philosoph vergesse nie, dass er eine Kunst treibt und keine Wissenschaft." *(A. Schopenhauer)* Auch die Tiefenpsychologie dürfte eher eine hermeneutische Deutungskunst sein als eine methodische Natur- oder Geisteswissenschaft. „Man kann ihn (d. i. Larochefoucauld) ... ohne weiteres den Ahnherrn der Tiefenpsychologie nennen. Die Aussagen seines Buches sind eine Art Psychotherapie und Psychohygiene *avant la lettre* ..." „Das erinnert uns an die Psychoanalyse, die mehr als drei Jahrhunderte später kam, aber von einem ähnlichen Menschenbild ausging." (J. Rattner, G. Danzer: „Europäische Moralistik in Frankreich von 1600 bis 1950", Würzburg 2006, Seite 34 ff.) Schon beim aphoristischen Ahnherrn Larochefoucauld erhält der tiefere philosophische Gehalt eine tiefenpsychologische Interpretation in literarischer Gestalt. In der europäischen Moralistik werden mindestens diese drei

Dimensionen sinnreich zusammengeführt : tief(gründig)e philosophische Bedeutung, tiefenpsychologische Ausdeutung und literarische Andeutung. (Es dürften noch weitere Sinnhorizonte hinzukommen, aber die sind nicht mehr Gegenstand dieser Arbeit.)

Im kernkranken „Lebensphilosophen" und aphoristischen Entlarvungspsychologen Nietzsche, den Freud neben Schopenhauer als einen seiner Vorläufer anerkannte, erreichte dieses Tripel einen vorerst letzten europäischen Höhepunkt. Dabei muss man ja nicht so reduktionistisch ansetzen wie ein Theodor Lipps: „Die Psychologie ist *die* philosophische Wissenschaft, und umgekehrt ... die Philosophie, das ist die Psychologie." Psychologie verhält sich zur Philosophie (über Gott und die Welt und die Seele) und zur Poesie wie der Denkakt zum Gedanken und zum Sinnbild dafür. „Philosophie und Poesie sollen vereinigt sein", forderten die Jenaer Frühromantiker noch zudem.

Der anti-scholastische, naturwissenschaftliche „Forschungsaphorismus" (Hippokrates, Bacon) unterlag inzwischen der literarischen Sentenz, die den Kampf gegen Ideologien nicht mehr vom aristokratischen Salon oder vom Dandy aus führt und deren Esprit eher Objekt oder unwissenschaftlicher Feind der Geisteswissenschaftler wurde. Beim Physiker Lichtenberg und Ingenieur Novalis waren beide Stränge noch enger verbunden als später beim Chemiker Canetti, und der Biochemiker E. Chargaff richtete den Aphorismus sogar gegen naturwissenschaftliche Hybris.

Das prägnant pointierte Aperçu ist den Natur- und Kulturwissenschaftlern inzwischen zu literarisch subjektivistisch, den Künstlern aber viel zu philosophisch abstrakt.

Um es noch kürzer zu machen

„Wenn man vor den Deutschen Geist zeigt, so bemühen sie sich zu verstehen ... Sie tun sich zusammen, um ein Bonmot zu verstehen." (*Rivarol*, 1753-1801) Und sie entwickelten trockene Geisteswissenschaften, um den fehlenden Witz und Esprit akademisch zu ersetzen und zu überbieten, bis der kurze Geistesblitz langweilig entschärft und *diskursiv* ganz zerredet ist. War der Franzose virtuos und geistreich, wurde der Deutsche pedantisch breit und gründlich.

Ich will meinen, nicht freien Willen.

Nur starker Staat kann seine eigene Macht begrenzen und nur Macht den Markt frei halten.

Hegel hatte ja doch Recht: Was Selbstbestimmung ist, bestimmt der Staat, und was natürlich ist, die Kunst.

Liebt mich noch, wer mir sagt : „Ich liebe dich" ?

Wer besser sein will, als strengste Moral fordert, wird böser, als laxestes Recht erlaubt.

Fühl dich ein in Gedankenlosigkeit, die nie umdenken
muss, und denk dich rein ins Einfühlungsvermögen.

Mit Bücherwürmern fängt man nur kleinste Fische
und mit Flötentönen Leseratten.

Gefühls*arm, aber reinlich*, oder nur wohlhabend?
Tumb, aber treu, oder nur tückisch?
Offen, aber aufrichtig, oder nur roh?

Derb, aber natürlich, oder nur ungeschliffen?
Schlicht, aber geradlinig, oder nur linkisch?

Was du verstehst, stellt die meisten Fragen,
denn Unverständliches fragt nicht nach dir.

Der antiautoritäre Adorno war für die Studenten eine
Autorität. Das brach ihm zu früh das Herz.

Altes verjüngen statt zerstören kann nur das Alter.

Hast du Angst, sie zu äußern?

Was Gott geschieden hat, will Satan vereinen.

Auch ein Kant rechnete mit Menschen : Sein Verstand integriert, was seine Sinne differenzieren.

Man will nur schwache Chefs stürzen: Sie können uns nicht stützen und schützen.

Wer kein wilder Chef sein darf, will wenigstens einen milden Chef haben.

Ist Mathematik verhasst, weil sie Stimmen nur zählt und nicht wiegt?

Diktaturen unterstimmen jene, die sich für die Besten halten.

Überstimmen Demokrat(i)en mehr Gutes oder mehr Schlimmes?

Unmenschen halten die Menschen für Untermenschen und sich für Übermenschen .

Man siegt, ohne Gewinn zu machen, oder macht Gewinne, ohne uns für sich zu gewinnen.

Adorno war mit antipatriarchalischer Philosophie für eine ganze Generation eine Vaterfigur. Daran starb er.

Bleiben Eltern jungbewegt, sehen Kinder recht alt aus.

Scharfsinn entwickelt die Smartphones,
und Stumpfsinn benutzt sie.

Jeder macht sich zum Sklaven des freien Marktes
und zum U-Häftling der *open society*.

Ein Genie ist ein Greis, der nicht kindisch wird,
sondern ein veraltetes Kind bleibt.

Alte rauben der Jugend nun die Jugend,
Kinder den Greisen die Verknöcherung.

Die Welt, die deinen Selbstmord erlaubt,
wird ihn bald von dir fordern.

I T : Kommunikationstechnik der Autisten.

Wenn Vater Staat nicht herrscht, dann herrscht nicht die Freiheit, sondern der freie Markt.

Ist gesund genug, um frei zu entscheiden, wer krank genug ist, um sich töten (lassen) zu dürfen?

Wenn Wasser selber brennt, dann löscht auch Feuer.

Man muss keinen Alzheimer haben, um zu vergessen, dass man auch in der Jugend vergesslich war.

Wird dein Schädel zum Schneckenhaus,
macht der Geist den Innenarchitekten.

Anschaffungskredite sind bereits Beschaffungsdelikte: Konsumieren heißt „*Anfixen*" (Süchtig machen durch Einstiegsdrogen).

Verstand ist kein Gebrechen,
doch Wohlstand ein Verbrechen.

Der Wille ist schon unfrei? Der Unwille ist noch frei.

Man bestreitet nichts mehr.
Außer seinen Lebensunterhalt.

Konsumartikel sind Rauschgifte, die den Abhängigen
nicht zu schnell zerstören.

Sehn-Sucht. Das Kapital verhält sich zur Arbeit
wie der freie Unternehmer zum unfreien Junkie.

Für Autos und Häuschen beugt man sich Blutsaugern
gern und macht Manager zu Drogendealern.

Lässt du dich eher bestechen, die Wahrheit oder die
Unwahrheit (über dich und mich) zu sagen?

Manches (Ur-)Teil stimmt ja, doch kaum zum großen
Ganzen.

Man handelt, wie man ist und nicht muss,
aber hält sich, wie man darf.

Zitatsache. Wer wenig zitiert, wird selten zitiert.

Böse heißt heute, *falsche Bedürfnisse* auszubeuten.

Alt ist, wer kindisch wird, ohne Kindskopf zu bleiben.

Diktaturen können mehr schaden,
als Demokratien nützen müssen.

Der Gerechte bekämpft Verbrecher, indem er sie von Verbrechern bekämpfen lässt.

Demokratien überleben, weil zu viele die öffentliche Rede- und Versammlungsfreiheit nicht nutzen.

Wissenschaftler, Forscher, gelehrtes Haus, zerstreuter Professor, verrücktes Genie, graue Labormaus, weltfremder Sonderling, abgehobener Spinner, verkopfter Schleicher, unpraktischer Theoretiker, überspannt, übergeschnappt, verstiegen, verschroben, verknöchert, verbohrter Intelligenzler, lebensuntüchtiger Geistesschaffender, staubige Folianten, *rabies eruditorum* …

Es kann Spaß machen, alles zu bekämpfen,
was Spaß macht.

Mann und Frau machen sich frei –
erst voreinander, dann voneinander.

Der Böse tut, was ihn glückselig spricht,
der Gute nur, was ihn glückswürdig macht.

Aphoristiker begründen nicht tiefgründige Sätze,
sie gründen einen Verein von ewig Uneinigen.

Die Aphoristiker sind autoritäre Autoren : Dogmatisch
doktrinäre Kritiker dogmatischer Doktrinen.

Wahre Behauptungen verdrängen andere,
wahre Selbstbehauptungen nicht.

„Die Dichter lügen zu viel", schrieb der Dichter Plato.

Am Anfang war das Vorwort,
am Ende das Mundwerk.

Auch ein Aphorismus „entwaffnet die Ungeduld durch seine Kürze" (*H. M. Enzensberger* über Haikus)

Befreiung *von* Sklaven befreit sie von Sklaven.

Aller gemeine Geltungsdrang ist allgemeingültig und gilt der Allgemeinheit doch nichts.

Die meisten leben in Demokratien schon freiwillig so, wie sie in Diktaturen leben müssten.

Nicht alle haben einen Sinn für den Sinn von allem.

Schreib den (nicht dem) Autor, lies die Leser und druck den Verlag!

Die „unio mystica" ist ein Atom und das Individuum ein Verein von Paralleluniversen.

Meschalim und Intermezzi : „Alles, was er schuf, war zuletzt eingeschoben, doch zwischen was? Was besagt seine Folge reiner Unterbrechungen?" (*Roland Barthes*: „Über mich selbst", Paris 1975)

Vergoldete Pferdeäpfel in versilberten Schalen

Jeder Aphorismenband verbirgt ein einziges Bonmot und jede Sentenz einen Salon von Geistern.

Du erkennst etwas, indem du deinen freien Willen freiwillig opferst, damit es dich bestimmen kann.

Irrealitäter. Ohne Angst vor Zensur entsteht kein Stil.

Will die Sprache die Sache selbst spiegeln, muss sie teils verständlich, teils unverständlich sein.

Schlegels Fragment-*Igel* und Schopenhauers (un)gesellige *Stachelschweine* haben etwas (Gem)Einsames.

Sei keinem eine Autorität für anti-autoritäre Lehren!

Er wollte der größte Aphoristiker des 21. Jahrhunderts sein und war der unbekannteste des 20., wies die Tradition vor ihm wie nach ihm ab : Wird der Redefluss zur Sintflut, ist ein Spruchbuch die Arche Noah.

Dass jeder Mensch sterblich ist, scheint unsterblich.

Sei verknöchert und kein Weichei,
ein kaltes Herz hält kaltschnäuzig frisch.

Verschweige den Krach und rede von Ruhe!

Was euch vernünftig deucht, scheint mir paradox,
bis mein Paradox euch vernünftig dünkt.

Alle Sterne drehen sich um dich. Wie sollen Vorurteile und trügerische Sinne einander korrigieren?

Der Kopf kann das Herz so wenig verstehen wie die Intuition eine durchrationalisierte Welt.

Der Einzelne ist als stolze Einheit von uneinigen Einzelheiten Bruchteil eines Vereins von Einzelgängern.

Naturgesetze kommen und gehen,
deine Freiheit davon bleibt bestehen.

Schüler fällen im anti-autoritären Lehrer die Autorität.

Wer eine Gabe hat, ist wohlhabend und gibt gern.

Die Menschheiten kommen und gehen. Du bleibst.

Der arme Teufel, der vom reichen abfällt,
ist im Abfalleimer.

Ein einzelner Aphorismus verallgemeinert vieles,
das sich dagegen wehrt, z.B. den Leser.

Ein einzelner Satz kann allgemeingültig sein, doch
der Allgemeinbegriff einen speziellen Sinn haben.

Du bist ja wie alle, doch die Allgemeingültigkeit von
heute ist nicht die von morgen und von gestern.

Undenkbarkeit, Widerlegbarkeit und Unwahrscheinlichkeit sind untrügliche Anzeichen von Wahrheit, Schlüssigkeit aber ein Abzeichen des Gegenteils.

Klugheit besteht nicht in der Dummheit anderer u. u.

Normales ist Genormtes. Erwachsen ist, wer tun kann,
was er will, obwohl es alle von ihm fordern.

Kunst kommt von Wollenkönnen,
was mehr Sinn als Zweck hat und die Sinne täuscht.

Der Reiche kann tun, was er will,
damit der Arme denkt, was er will.

Welche Erfindung hätte sich durch eine Entdeckung
umgehen lassen – und umgekehrt?

Das Geistreiche ist als materielles Armutszeugnis eine
Rache an den Reichen.

Gemeinschaft trennt mehr als Gemeinheit : Der kleine
Unterschied verbindet uns mehr als große Gleichheit.

Der Idealist verspricht mehr, als der Realist halten
kann, und Realist plant mehr, als Idealist fordern kann

Phantasielosen dünkt Vernunft etwas Phantastisches.

Die *open society* und offene Worte sind nie ganz dicht

Man kommt zu Geld und zu Ehren oder zur Sache.

Überleben und Tatsachen sind nackt nicht schöner.

Zeig Flagge: Schwarzes Schiff auf schwarzem Grund.

Wille zur Macht bekommt Recht auf Unrecht,
und Recht hat nur Macht zum freien Willen.

Der Greis ist ehrlich bis auf die Verknöcherung
und währt am längsten altbewegt.

War die *Krone der Schöpfung* die Dornenkrone wert?

Wer Wahrheit will,
will keine eigene Meinung äußern dürfen.

Agilität und Neugier deuten im Alter auf Demenz.

Sorge macht sich Gedanken, Gedankenlosigkeit Luft.

Armselige wollen nach ihrer Façon habselig werden.

Der Lebenshunger ist materiell so unersättlich
wie geistig oft überersättlich.

Lobet den Herrn, arme Sünder! Da ist Er machtlos.

Nichts findet gesunder Menschenverstand unlogischer
als *Neue Logik* und nichts logischer als Verlogenheit.

Sartre revisited : Die Hölle, das ist das Ändern.

Ohne freien Willen weiß niemand, was er selber will,
doch jeder muss nun selber wissen, was er wollen soll.

Wer *nicht* schreibt, der bleibt – ebenso unmündig.

Heute darf jeder alles. Also muss es unwichtig sein.

Hilfsbereitschaft ist zu oft überlegene Schadenfreude.

Lektüre macht geistige Armut erträglicher.

Heideggerianer machen sich Gedanken statt Sorgen.

Schrieben nur begabte Autoren, gäbe es nicht Verlage.

Zeigen sehr kurze Reden, ob man etwas zu sagen hat?

Kunst ist die Kunst, eigenes Können (samt Applaus) hochzunehmen und auszupfeifen.

Wer schlecht denken kann, will wenigstens gut leben.

Bedürfnisse und Wunschdenken können sich nur Reiche leisten, Dummheiten nur Geistreiche.

Erst wird es so leicht gemacht, dass es jeder kann, bis
es jeder besser können muss, was es schwerer macht.

Das einzig Wahre liegt niemals in der Mitte
zwischen richtig und falsch.

Heute pflegt man eher einen witzlosen Humor
und ist gewissenhaft und ernsthaft lebenslustig.

Güte ist ein verzweifelter Versuch, ohne Menschenkenntnis durchzukommen.

Unhöflichkeit und Unfreundlichkeit gelten nun schon
für Aufrichtigkeit.

Alles umsonst gewesen? Kostenloses war vergeblich.

Von anderen gut denken kann ich schlechter
als schlecht träumen.

Gemeinsame Feinde schaffen Freunde,
doch vernichtet Freundlichkeit Feinde?

Beschränktheit schützt vor schrankenloser Dummheit.

Kunst ist die Kunst, mit Höchstqualität durchzufallen.

Jeder wird geopfert, ob zwecklos oder einem Zweck.

Mitgefühl, Missgefühl. Hilflose Hilfe heißt humanitär.

Trennen vereint uns, Vergleichen schafft Differenzen.

Wer sein Herz verliert, gewinnt noch keinen Kopf.

Ein Geschäft wird abgeschlossen, wo es eröffnet wird.

Polizei, Politik, Politesse, Politur am runden Tisch ...

Zukunft kommt anderen zu, Vergangenheit vergeht sich an uns: Die *Zeit* belügt. Die Länge reicht nie, die Breite macht zu dick, Tiefe verdeckt nur Oberflächliches: Auch der *Raum* betrügt.

Wer alt werden und jung bleiben will,
kann nicht spät genug damit anfangen.

Sprich von dir, dann sprichst du nicht schlecht
von anderen.

Hasse dich selbst wie deinen Nächsten, doch liebe
deine Nächstbesseren wie deine Nächstschlechteren.

Genieße eine gute Vererbung und datiere
deine Familie nicht zurück auf den Urknall.

Fotos entstellen mehr, als Gemälde schmeichelten.

Für irre Zwecke werden teure Mittel vergeudet
wie kriminelle Wege zu edlen Zielen eingeschlagen.

Eine „offene Gesellschaft" hofft, nicht bestohlen zu
werden; die eingetretene Tür steht nicht im Haus.

Die Welt ist Gottes luxuriöser Trick,
aus dem Nichts ein neues zu machen.

Zu einer glücklichen Liebe passt oft nur einer allein.

Bring's im Leben zur Sache, hol's von der SpRache!

Der Schwächste sieht die Schwächen des Stärksten,
der allein die Stärken des Schwächsten sieht.

Intelligenz ist dumm genug, sich für dumm zu verkaufen, und Dummheit klug genug, andere für klug zu kaufen.

Jeder gilt als Werkzeug seines Geltungsdrangs und als Herr seiner Unterwürfigkeit.

Nur mühseligstes Schuften erspart lästiges Denken.

Wahrheit ist der einzige Besitz, der keine Tür öffnet.

„Geistige Freiheit" verkam zum trotzigen Recht, eine eigene Meinung zu vertreten, die seit Jahrtausenden schlüssig widerlegt ist.

Hab ein Naturtalent, es durch Einstudieren zu ersetzen

Authentisch wirkt, wer nicht so tut, als täte er nur so,
oder so tut, als täte er nicht nur so.

In Diktaturen muss wenigstens keiner zeigen, dass er
nicht denken kann.

Deodizee. 300 Jahre nach *Leibniz* leben wir in der
nächstbesten aller denkunmöglichen Halbwelten.

Wer sieht, glaubt nicht, was er besser weiß;
wer weiß, glaubt nicht mehr, was er sieht.

Der Herr, die Uhr und das Herz schlagen –
die Zeit mit der Zeit tot.

Alles hängt mit dem Weltall zusammen
und nichts von mir ab.

Der Sinn des Lebens ist ja lebenslängliches Sinnieren
darüber.

Schuldsprüche, Schiedssprüche und Wahlsprüche

Auch das fünfte Rad am Wagen
kann noch ein sechstes rädern.

Wer stark zunimmt, stirbt nur, um ganz abzunehmen,
doch wer hungern will, muss brechreizend werden.

Ein Genie entdeckt etwas als allererster.
Ein Talent entdeckt als erster, dass alles erfunden ist.

Das Alter ist nur noch neugierig, ob der Ausgang die
Hälfte des Lebens ist.

Wer immer wieder vergisst, wie wenig er vergisst,
fürchtet auch Alzheimer.

Verachte alle, die so denken wie du, und prahle mit
denen, die dir nicht glauben.

Wer sich weniger Feinde machen will,
kann und darf nicht viel besser werden.

Das Bild einer Rose verdorrt nur nicht gleichzeitig.

Muss ein überarbeitetes Buch sein Thema erschöpfen?

An Belastungsgrenzen werden selten Papiere verlangt.

Die beste Waffe des Bösen : dass du etwas besser bist.

Auch Freud sah überall Eigenliebe. Er hieß Es Sex.

Das Kind will viel tun, der Greis mehr getan haben.

Um sich „einzudeutschen", muss ein Deutscher eher Brite als Franzose werden wollen.

Innere Leere (oder wer an Gewicht verliert)
kommt nicht leichter in den Himmel.

Der Reiche muss Arme umarmen, wenn es noch nicht reicht.

Auf jeden Geldtopf passt ein Buchdeckel.

Du siehst nur die Hälfte der Welt, eine Halbwelt.

Willst du etwas loswerden, verkauf es als Opfer.

Erst schafft man sich eine geschlossene Front von Feinden, die man dann einzeln gegeneinander ausspielt: Ein Ursprung begrifflicher Generalisierung und Spezifizierung?

Error. Beirren und verirren ist philosophisch.

Mancher lebt gar nicht. Er übt das Leben aus.

Ein Weltbild ist auch nicht größer als ein Standpunkt.

Jeder hat was zu sagen – und sei es nur die Wahrheit.

Denker leben vor, Dichter beleben, Täter überleben.

„Ich tadle keine Obrigkeit, welche schläft, wenn nur jene, die ihr unterstellt sind, ebenfalls schlafen, so schlafen auch die Gesetze. Ich für mein Teil lobe mir ein unscheinbar hingleitendes, stilles Leben." (*Montaigne* : „Essais", 1580)

Ein Mensch vereinigt in sich meist nur die Weisheit des Babys mit der Rosigkeit des Greises.

Wird die Welt nicht bald verändert, dann bleibt sie nicht ewig so, und wenn du dir nicht treu bleibst, wirst du dich nie mehr ändern.

Jeder trägt die Verantwortung für die Welt – zum Übernehmer.

Kunst : Kühne Eroberung neuer Fluchtwege.

Es irrt der Mensch, so lang er lebt,
darüber, was Irrtum und irre ist.

Ich bin nicht käuflich. Meine Bücher gehen schlecht.

Wer keinen Krach zusammen macht,
hat bald Krach miteinander.

„Denkt aber daran, dass sich aus allen Quellen des Witzes meist auch ernsthafte Gedanken gewinnen lassen." *(Cicero)*
„Freiheit gibt Witz, und Witz gibt Freiheit." *(Jean Paul)*

Das Herz ist eine Kopfgeburt,
der Kopf ein Herzenswunsch.

Wer praktisch nur Stubenhocker ist,
ist theoretisch noch kein Tatmensch.

Jeder kann nun tun und lassen, was er will. Ob er will oder nicht. Ich wollte, ich könnte richtig wollen.

Lec : Weltmeister im sprachlichen Einmeterweltlauf.

Komm auf einen grünen Zweig und säg den Ast ab.

Die Zukunft liegt in der Zeit vor der Vergangenheit
(die nach der Zukunft kommt).

Was sind das für Zeiten, wo ein Gespräch über Untaten fast ein Verbrechen ist, weil es ein Schweigen einschließt über so viele Bäume (der Erkenntnis)!

Wir tun gar nichts : Ich bin zu groß für Kleinigkeiten,
und du bist zu klein für große Taten.

Leben trennt goldene Spreu vom vergoldeten Weizen.

Was nicht wert ist, nicht gewusst sein zu können,
ist es wert, unbewusst bleiben zu müssen.

Bloß keine bessere Welt!
Die hätte keinen Platz für mich.

Überhaupt kein Massenmord mehr wäre schon zu viel.

Keiner will die Wahrheit wissen.
Sie trägt keinen Stempel „Streng vertraulich".

Kein Mensch war je so allgemeingültig
und durchschnittlich wie der Mensch.

Wer ernste Dinge nicht mit Witz vorträgt,
wird ausgelacht.

Wer so spricht, daß fast keiner ihn versteht, sagt wahr.

Kunst prophezeit die Zukunft,
doch Wissenschaft prognostiziert nie eine Kunst.

Von innen erkenne ich dich,
von außen mich nicht wieder.

Unerträglich ist nur das Verbesserliche.

Der Abgrund zwischen Wort und Tat schrumpft
zum Haarriss zwischen Gerede und Getue.

Es gibt mehr verkannte Trottel als anerkannte Genies.

Ich will leben, um zu altern, und alt werden, um kein
Kindskopf zu bleiben.

Die Realität wird verfälscht durch Träume und durch
Taten, die Gegenwart durch Erinnerungen und Pläne,
die Tiefe durch Höhenflüge und Breite.

„Ich werde alt" bedeutet : „Ich werde alt werden".

Um zwei Dinge besser zu unterscheiden,
muss man sie vergleichen. Und umgekehrt.

Moderne Malerei erscheint besser, als sie aussieht.

Richtet man etwas zugrunde, dem man auf den Grund
geht, oder umgekehrt?

Ich interessiere mich für deine Meinungen,
du interessierst dich für die Wahrheit über mich.

Wer unter seine Verhältnisse lebt,
lebt noch nicht über seinem Niveau.

Man sieht so richtig aus, ist aber gar nicht so verkehrt,
und hört sich so dumm an, ist aber gar nicht so schlau.

Wie, wenn alles, was nie gedacht und gesagt wurde,
nun wahr oder falsch wäre?

Weitsichtige Kurzmeldungen
Kürzer tretend um einen Kopf kürzer machen

Vorschrift: Wissenschaftliche Geistesblitzableiter gehören auf alle Gedankengebäude!

In ein reiches Naturtalent oder in eine reiche Familie hineingeboren zu sein, ist gleich ungerecht – gegenüber den Armen im Geiste wie im Beutel.

Montáge der Móntage. Wann wird es rassistisch, jemanden einen Rassisten zu nennen?

Wer seinen Kopf verliert, gewinnt noch kein Herz.

„Nur für Erwachsene!" („Nur für alte Kindsköpfe").

Noch eine letzte Riesenanstrengung, um sich dann nie mehr bemühen zu müssen?

Vom Aufklärungszeitalter zum Aufklärungsflugzeug: Geldscheinwerfer, Seinwerfer und Augenscheinfänger

Mein Gott! Meine Meinung, meine Firma, mein Chef.
(Besessenheitsanzeigendes Für- statt Widerwort)

Du folgst stets nur deiner eigenen Natur, du Sklave?

Heute wird uns alles auf den Leib geschrieben, damit es nicht auf den Geist geht.

Auch die geistige Welt ist nicht gerecht, aber sach- und fachgerecht eingerichtet.

Ich stelle es mir vor, um es nicht sehen zu müssen, und kann mir nicht vorstellen, was ich sehe.

Der Verlierer gewinnt uns für sich; er findet wieder, was der Sieger verliert.

Chronisch Kranke leben länger und gesünder.

Es gibt Staaten ohne Freiheiten,
doch kaum Freiheit ohne Staat.

Er singt schlecht, kastriert ihn!
Rohkost auf Kosten von Unkosten

„Unter Menschen war er als Mensch unmöglich."
(*Nietzsche* über *Heraklit* – und sich selbst).

„Sobald einer ein Gebrechen hat,
so hat er seine eigne Meinung." *(Lichtenberg)*

„Je mehr Geist, desto mehr Leid." *(Nietzsche)*

„Wer auf sein Elend tritt, steht höher." *(Hölderlin)*

„Il amuse le public avec ses agonies." *(Flaubert)*

„Schon brennt der Kopf, schon glüht der Sitz,
schon sprüht ein heller Geistesblitz." *(Wilhelm Busch)*

„Leidenschaft hart wie die Unterwelt." *(Hohelied 8,6)*

„Nur kein düster Streben!" *(Goethe)*

„Ich habe nie im Leben mich gegen den übermächtigen Strom der Menge oder des herrschenden Prinzips in feindliche, nutzlose Opposition stellen mögen; lieber habe ich mich in mein eigenes Schneckenhaus zurückgezogen und da nach Belieben gehauset." (*Goethe* zu Eckermann)

Zensur findet statt in Blickwinkel und Beleuchtung.

Man kommuniziert gegeneinander. In Kommuniqués.

Geschehen ist, was du ferngesehen und nie erlebt hast.

Die objektive Welt steht stramm
vorm Kameraobjektiv von Kameraden.

Bibliopolis. Bücher kamen kurz zwischen Höhlenfels-
bildern und Fernsehbildern.

Psychiater verstehen Nietzsches Wahnsinn nicht,
weil sie seine Aphorismen nicht verstehen wollen.

Von Lust zu lustig: Ohne Lust kein Verlust, ohne Leid
kein Lied, ohne Schmerz kein Scherz.

Man lebt, weil man *richtig* stirbt,
und stirbt, weil man *nichtig* lebte.

Damit jeder Recht hat, muss alles absolut relativ sein.

Inzucht degeneriert, in Staaten wie Sippen und Sitten.

Der Druck der Wirklichkeit presst den Geist
zu Aphorismen zusammen.

Jeder hier ist heute anhänglich unabhängig.
Also auf- und abgehängt.

Im reichen Norden der Welt ist der Süden reicher.

Secessio in montem sacrum. Diktatur : Demokratie der
Dummen. Demokratie: Diktatur der Gebildeten.

Das Leben der Literaten wird zum Trauerspiel,
das sie nicht mehr schreiben.

Vernunft: Griffe, Begriffe, Urteile, Schlüsse,
Entschlüsse, Vorteile, Schlusspunkte.

Wünsch dir nur, dass keiner sich was wünscht,
und wer ist zu schützen vor Schutzbedürftigen?

Seht die Armut universell, verarmt nicht das Weltall!

Der Böse wird glücklich, wenn ihm alles glückt,
der Gute nur, wenn Gott existiert.

Alles wirkt paradox, da es so gut begründbar ist
wie sein Gegenteil.

Ein Sklave der Geliebten wird der Gesellschaft Herr.

Glaube oder Weltbild langweilt bald wie ewige Ruhe.

Reframing. Sich bessern ist beten ohne Betteln.

Verlustgreis. Sieh im Ältesten schon Postmodernes,
im Allerneuesten noch das Uralte.

Der Orient wählt noch keinen Chef auf Zeit,
der Westen keinen Gott auf ewig mehr.

Frauen wollen *Mütter der Kompanie*, Männer auch
Landesväter sein und Kinder beides nicht mehr.

Du genießt deine Ungenießbarkeit und beteuerst, dass
du mich billigend in Kauf nimmst. Deine Unerschütterlichkeit erschüttert mich.

(Ver)leiten, (beg)leiten? Der Vorhang hebt sich vorm Trauerspiel und wischt die Tränen weg.

Konsumkritik wird mitkonsumiert.

Ein Egoist will selbstloser sein als andere.

Es gibt fünf Kontinente und wie viele Inkontinente?

Glaubt mir aufs Schweigen : Ein be-dachter Satzbau kann ganze Regierungsgebäude einreißen.

Geht es, dass alles so bleibt, oder bleibt es so, dass alles weiter geht?

Pflichten gehen zur Neige, und Neigungen pflichten uns liebend gern bei.

Gott ist im biblischen Wort ebenso ratschlagfertig wie schicksalsschlagfertig und führt einen lebenslangen Anpassungs- und Abnutzungsprozess gegen uns.

Wissen bekleidet die nackte (frierend geile) Wahrheit,
Bewusstlosigkeit enthüllt die nackten Untatsachen.

Was läuft da alles ab – außer deiner Lebenszeit?
In der Welt passiert nur Schlimmes – die Zensur.

Zuwachsraten rätseln, wann alle Wunden zuwachsen.

Ein Autor schreibt seine Leser auf und nieder.

Mystischer Größenwahn sagt: Ist alles eins, genügt es,
eines zu berühren, um alles zu bewegen.

Für „geistige Dinge" sind viel weniger natürliche als
hinreichende Bedingungen lebensnotwendig.

Fortschritt ist kein aufrechter Fortgang, sondern fortlaufender Gleichschritt Marsch oder Undsofortschrott.

Man bestellt sein Haus (bei Bauherrn), aber ganz unheimlich toll ist nur das Tollhaus.

Hängst du am Leben, so schneide (dich) gut ab.

Werde dir endlich klar unter dich und mich!

Instinktiv kultivierte Kunst ist Gunst der Stundung.

Geist wettet hochmütig auf Geld : „Kopf oder Zahl?"

Wie geht es dir? – Wie es um mich steht.

Ein gesunder Körper hat oft höhere Miss-Bildung.

Fortschritt : Der Weg zu dem (Wissen), was man will.

Ein Ideal wird nur noch an der Realität gemessen und zu leicht befunden.

Ideales und Reales liegen friedlich nebeneinander im Supermarkt und tun sich nichts mehr.

Höflichkeit lügt, Ehrlichkeit verletzt, Geduld ist ein Feigling und Feigheit nur Schonzeit.

Im Poeten schlägt das Schicksal nur zu Buche.

Verlierern werden nur Forschungsgelder bewilligt.

Nähe ist nahezu Ferne (oder Ent-fernung).

Freud? Heute verdrängt man alles ins Öffentliche.

Big Data : Die Kunde vom Kunden im Sekundentakt.

Headmades. Vorauseilender Gehorsam hört nun auf nachzüglerischen Ungehorsam.

Phantastischer Verstand hat nur vernünftige Träume.

Niederträchtige Niederkunft :
Manche Mutter war schwangerer als andere.

Ruhm kostet nichts – als das Talent.

Wer den Letzten verletzt und vergötzt, der ergötzt.

Kant konnte die Welt ganz neu sehen,
weil er sie nie bereist hat.

Wer in Form und Uniform ist, bringt nichts in Form.

Es bewegen sich und dich noch Bilder und Schilder.

Belangt werden Zulanggekommene
nur noch für belanglose Belange.

Objektivität ward zur Zensur gegens Individuum, u. u.

Einst galt die Erde als Scheibe. Heute sind Weltbilder
noch flacher.

Freiheit 2020 : Willpflicht zur Sollkür.

Ein geglücktes Leben hat mehr Glück,
als es glücklich ist.

Die einen glauben, dass zu viele glauben, weil sie das brauchen; andere glauben, obwohl sie es nie wollten.

Hedonanie oder lieblose Beliebigkeit nach Belieben.

Zaungastgeber. Den Blinden ist gar nichts anzusehen, und für Seher ist man augenscheinlich blind.

„Wer schreibt, der bleibt."
Dieser Quatsch wenigstens bleibt.

Leben, ein durchdringend undurchdringlicher Nebel…

Ein außerordentlicher Aphorismus empfiehlt sich und geruht, auf geordneter Unruhe zu beruhen.

Ges(ch)ehenes durch(sc)hauen:
Wahnzeichen der Doktorvaterstadt.

Neg-otium oder Revolution 2020 :
Papierkrieg den Palästen, Arbeitsfriede den Hütten !

Wir sind nicht unter dir, aber mir über: Ich bin weit über mein Niveau unter meine Verhältnisse betroffen.

Dialektik: Umschlag von Geldquanten in Geistesqual?

Beginne mit Erkennen dort, wo Gott mit Erschaffen aufhörte, und ende erst da, wo Er anfing.

Wer sich nicht bücken will, muss buckeln.

Die meisten haben das Gesetz ungeschrieben und ihr Blatt unbeschrieben.

„Immer wieder" gibt es wieder und wieder nicht, doch wie oft noch hört man: „Nie wieder!" ?

Ich vergesse nie die Zeit, in der ich noch nicht so vergesslich war.

(Ver)kauf mit dem Anwesen nicht deine Abwesenheit.

Antworten von vorgestern werden erst morgen erfragt.

Arme haben nicht einmal Hunger, Ketten und Pech.

Revolutionstheorie § 1 : BWL ist nicht VWL.

Die schon *dich* mutig nennen, machen mich mutlos.

Geistesadel *von und zu* : Wozu ein Buch von XY?

Husserl beschaute zu ihrem Leidwesen ihr Unwesen, das die Lust mit dem Verlust treibt.

Wer vergeht vor Entstehen und entkommt dem An- und Abkommen?

Weg(t)räumen. Wenn du dich schon verkaufen musst, sei wenigstens Bückware in Schub-Läden.

Heute leidet man darüber, dass man darunter spricht.

Ein Mensch ist so frei wie sein Fall und sein Vogel.

Biosex. Die anbrennende Frage nach Himmelbetten entzündet sich am Höllenfeuereifer.

Du schwanst mir : Stell weniger dir Fragen als dich.

Das Bonmot verliert so wenige Worte, wie es gewinnt

Heidegger brachte das Nichts zur Sprache : Das „Haus des Seins" fällt ein, und das dem Satzbauer!

Kunst : Gehaltvoller Einfall der eingefallenen Gestalt.

Du warst glücklich, du bist traurig, du wirst komisch.

Nulla dies : Kein Alltag ohne Ratschlagzeile auf der Schicksalsschlagseite.

Geschick : Blutalte Begabung auf dem Gabentisch.

Leiden : Unerträglich ertragsgespannte Portables.

Kafkawalser : Werde groß durch Selbstverkleinerung und verkleinere dich durch Größenwahn.

Lieber Kreuzdenker als Quergetriebener?

Jeder Esser lässt mehr Leute ungefragt verhungern, als ein Trinker ungefragt verdursten lässt.

Der gute Autor tippt selber. Auf weniger Leser.

Soll & Haben : Du hast immer nur gesollt und sollst alles haben.

Nur die Apokalypse kann die Katastrophe verhindern.

Weltbrandneue „turns" (Törns) haben den Dreh raus.

Wichtigkeit berichtet die Nichtigkeit der Richtigkeit.

Das Alter sagt und schreibt ins Reine den Satz,
den es nicht mehr ins Freie tun kann.

Isst du nur, um gutgenährt aufgefressen zu werden?

Was du im Ohr und im Auge hast, hast du noch nicht
im Kopf.

Man verliert seine Zeit damit, Zeit zu gewinnen, zu
schinden, und spart Zeit, um sie totzuschlagen.

Indiziere, was niemand induziert hat: Güter suchen,
schlecht finden und Gütige versuchen.

Ergreif das Wort für das, was dich packt,
oder pack dich, bevor du ergriffen wirst.

Herzlastige Dickheuter. Netzhocker und Nestbetreiber
sterben virtuelle Tode analog zum Leben.

Der Scheich müsste sich vor Scheherazade jeden Tag eigene Gedanken machen, um zu überleben.

Tunixe sind noch keine Heimlichdenker.

Willst du? Du warst gewollt, Mensch! Musst du dies? Jenes sollst du! Aber kannst du? Du wirst gedurft.

Opuslenz. Auf spielraumraubende Rat- und Tatsachen steht zur Strafe zeitraubende Untätigkeit.

TV : Beschauliches Leben ohne *vita contemplativa*.

Einsamkeit ist nie halbe Zweisamkeit, Gemeinsamkeit aber schon mehrfache Einsamkeit.

Theorie verhält sich zu Praxis nicht wie Vermutung zu Mut oder Schwermut zu Anmut.

Kants Ding an sich war Begleiterscheinung der Augenscheinwelt; leere Begriffe schauten sein Wesen an.

Verstaubtes Gold oder vergoldeter Staub?

„Was der Idylliker anfasst, wird grün." *(Karl Krolow)*
„Die Idylle macht steril." *(Friedemann Spicker)*
„Nur eine sterile Idee wahrt ihren Rang als Idee." *(Cioran)*

„Die Bestimmung des Menschen ist das Denken, nicht das Handeln." *(Friedrich Dürrenmatt)*

Realität schweigt, sagt die Einbildung.

Wer die Norm erfüllt, füllt nur die Uniform.

Dadata. Ruhelose Stille als Geredefreiheit.

Die Randbedingung für Randständigkeit ist Mittelmaß

Erfahrung macht man nur mit längst Abgefahrenem.

Heutige Satzungen sprechen Gottes Gesetz nicht frei.

Gut sind Aphorismen, die uns eher reizen,
sie zu widerlegen als zu verbessern.

Die Wett- und Weltlaufbahn einschlagen wie Zähne.

Welchen Naturgesetzen (oder Kräften) gehorchen die Naturgesetze?

Die *Menschenrechte* sind eben solche Utopien wie die klassenlose Gesellschaft oder das Goldene Zeitalter.

Der Himmel ist vielen viel zu hoch, doch die Hölle vertieft weder Gedanken noch Schweigen und Seufzer

Sind wir einfach genug für Feinheiten und groß genug für Zusammenbrüche?

Wer sich gut in dich hineinversetzen kann, hält deine Erlebnisse bald für seine eigenen.

Erinnere dich nicht so oft, sonst erfindest du deine Vergangenheit zu oft neu.

Verkehr nicht zu viel mit anderen,
sie verfälschen deine Erinnerungen.

Für das Gemeinschaftsgefühl muss jeder
einen Teil seines Gedächtnisses fälschen.

Aphorismen sind so sprunghaft wie das Gedächtnis,
also getreuer als zusammenhängende Stories.

Die Position des Aphorismus bleibt die Negation,
und das Leben überlässt er den Fachleuten.

Geisteswissenschaften wissen Geistreiches gründlich
unter den Teppich zu zerreden.

Popmusik, PKW und Fußball – unheilige Dreieinigkeit, die keine Blasphemie duldet. Nur noch deren Verbote führen im Westen zu Sozialrevolutionen.

Gibt es hier schon mehr TV-Krimis als Verbrechen?

Warum ruft kein Volk, das aufsteigen will:
„Nieder mit dem Pop, es lebe die Hochkultur!"

Vernunft sei hochpolitisch und Abenteuer hochgeistig.

Nichts romantischer als jeweils neueste Sachlichkeit,
doch Kultur verhext die Entzauberungskünstler neu.

Der Aphorismus ist ein Satz, in dem die Welt mehr
Platz findet als das Atom.

„Zeitquanten" hatte *H. Conrad-Martius* schon 1954
vorhergedacht, mit denen heutige Kosmologen noch
vor den „Urknall" kommen wollen.

Kant kämpfte nicht für die Freiheit, sich von seinen
Bedürfnissen beherrschen und von seinen Trieben
treiben zu lassen.

Leben ohne Träume ist schon halbleer,
doch Traum ohne Leben noch halbvoll.

Inseln der Wahrheit im Meer des Wahns oder Halbinseln der Leidenschaft im Ozean der Machenschaften?

21. Jahrhundert : Raserei der Nüchternheit und
wissenschaftliche Machenschaften der Leidenschaft.

Klein bleibt, was großtut, doch man stellt Größeres an
mit dem, was man klein kriegt oder kleinkriegt.

Nur der Idealist hat die nötige Distanz zur Realität,
um objektiv zu sein.

Manche wollen den Armen viel abgeben,
um sich nicht viel mit ihnen abzugeben.

Handle konsequent, doch nicht mit Konsequenzen!

Wer die Wahrheit scheut, flieht oft die Langeweile.

Wahrheit wirkt wahrlich nie wahrscheinlich,
aber nicht alles Unwahrscheinliche ist wahr.

Religion ist die Kunst, Gottes kostenlose Kunststücke
zu bejubeln, ohne die eigenen auszubuhen.

Machen Gene die Pläne, die wir machen,
oder Absichten die Einsichten zu bloßen Ansichten?

Hochfallende Tiefsteiger. Aphorismen bestehen ja aus lauter Lücken, die der Leser büßt oder hinterlässt.

Der grundsätzliche Beweggrund des Aphoristikers ist es, mit gründlich abgründigen Sätzen zu entsetzen.

Druntergänger. Einzelheiten fragen nach ihrer Einheit, die Einheit aber nie nach dir Einzelnem.

Überkomplexe Fragen stellt nur der Simpel und beantwortet unterkomplexe.

Alterssünden machen eher töricht als wieder jung.

Humbug & Humor. Wie, wenn alles, was ich schrieb, auch als Selbstparodie gemeint und zu lesen wäre?

Jeder muss dumm bleiben, sonst wird er noch dümmer

War Schlegels katholische Konversion eher Krönung als Ende der romantischen Ironie?

Systematisiertes Ich, individualisiertes System

„So wurde die Humanisierung des Menschen nur verwirklicht in der Welt des schönen Scheins." „Epochen, in denen das soziale Engagement die gesellschaftliche Verkehrsform beherrscht, waren von jeher kulturarm ..." –
„Wer sich widerspricht, kommt der Wahrheit näher."
(*Hartmut Lange*: „Tagebuch eines Melancholikers", 1983)

Auch Christen meiden, was sie leiden macht; auch Schopenhauer meidet nicht, was er leiden mag.

Gender 2000 : Männerleiden – Frauenfreuden.

Sind Aphoristiker auch „kentaurische Philosophen" *(Herm. Wein)* zwischen Naturalismus und Idealismus?

Warum gibt es viel mehr, was sich sinnvoll behaupten lässt, als was sich sinnreich *nicht* behaupten lässt?

Vor Selbstmordgedanken schützt Größenwahn,
vor Größenwahn nur Todesangst.

Der Realist sieht nicht die nackte Wahrheit, sondern nur die ausgeweidete.

Man macht Menschen nicht gern zu gut – zum Leben.

Wer nur im Kreis läuft, eckt sogar unendlich oft an.

Wer macht den ersten Gleichschritt zum Fortschritt?

Sagen Linke und Rechte dasselbe, wer hat dann recht?

Das berühmte *ganz Andere* ist keine halbe Gleichheit.

Benötigt die Einsamkeit noch Gemeinsamkeit?

Nützlichkeit schadet dir mehr als Schädlichkeit nützt.

Wieso beneide ich jene nach mir mehr als die vor mir?

Die Welt ist zu groß für den Kopf und zu klein für die Hand.

Bitte Gott um Chancen, mehr Wünsche zu erfüllen als zu äußern.

Bücher schaffen kultivierte Barbarei.

Orakel zu Del(p)hi : „Verkenne die Masken selbst!"

Ungläubige Laster verkaufen Gott für noch dümmer, gläubige Tugenden uns für nicht klüger.

Das Alter raubt mehr Fähigkeiten, als jede Schule uns verschafft.

Du liebst den, der dich beneidet, und bist eifersüchtig auf den, der es nicht auf dich ist.

Undank ist der Investition Lohn. Frei und glücklich ist, wer freier und glücklicher ist als der Nächste.

Der Kindheit lebenslang Lebewohl zu sagen,
stirbt wohl nie aus.

Der Kritiker kann loben, wen er nicht beneiden muss.

Werden Menschen unsterblich, stirbt ihr Schöpfer.

Wichtigtuer sind wichtig, für unsere Belustigung.

Mein aufrechter Gang ist eine Kette von Bücklingen.

Sterben lernt man nicht, wo man Leben verlernt.

Um Gehör zu finden, schreiben Autoren zu viel und ihre Leser zu wenig.

Ein besseres Buch, das fesseln will,
muss Bestseller diskreditieren können.

Das Licht der Vernunft verfinstert alle Mienen.

Aphoristiker wollen wenige Worte
in nackte Unwahrscheinlichkeit kleiden.

Wir haben gefunden, was wir erfunden haben wollen,
und erfinden, dass wir etwas gefunden haben wollen.

Schneller wollen und können dir die Bösen helfen.

Bitte, zwingt mich zur eigennützigen Selbstlosigkeit
oder zu selbstloser Untätigkeit!

Hilf gern mit fremder Hilfe, werde sozial und dich los.

Aphorismen sind nie Sätze zwischen den Gegensätzen

Man geht nicht auf die Toilette, die man macht.

Hilfsbedürftige treffen auf Hartherzigkeit,
die sich Hilfsbedürftigkeit nennt.

Heilige Parias. Reiche beten nur fremde Armut an.

Jugend findet Gedanken, Alter Genüsse zu mühsam.

Theodizee. Deine Enttäuschungen dienen dazu, deine Nächsten zu schützen.

Wer alles zur Kenntnis nimmt, erkennt nichts.

Entnimm einem modernen Gedicht eine Zeile mit einem neuen Bild und erkläre sie zum Aphorismus.

Man macht es immer besser, um es nicht ein einziges Mal gut zu machen.

Wer mit Worten wohl oder weh tut,
ist noch nicht geistreich.

Als Ausbeuter gilt bereits, wer sich nicht ausbeuten lässt.

Geist wiegt nichts. Es braucht viel Verstand, sich mit Dummköpfen zu verständigen, um sie zu verstehen.

Entweder lesen dich noch nicht viele oder nicht mehr viele. Sei unverkäuflicher, schreib für klügere Köpfe!

Die Jugend prahlt mit Geist wie der Greis mit Kraft.

Moral schafft mehr Lumpen, als sie verhüten will –
sagen ihre Opfer.

Man bereut seinen guten Kopf wie seine guten Taten.

Die meisten tun nicht mal Gutes, das ihnen gut tut.

Wer mit wenig glücklich sein kann, hat viel Glück.

Wohltaten sind der beste Dank dafür.

Die Lebensmitte ist der Wiege ferner als dem Grab.

Zur Last zu fallen, belastet sehr und mehr.

Bildung ist unbewusste Blödheit,
Dummheit aber keine unbewusste Klugheit.

Man braucht Güte oder Bonität. Ein gutes Gewissen
ist nun gewiss schon gewissenhaft gewissenlos.

Bis zu Kant dachte ein Philosoph nicht nur an sich.

Der Schoß der Mutter Natur und der Schoß der Mutter
Kirche wetteifern nicht mehr um Menschenkinder.

Die Jugend weiß, was Alte tun sollten; der Greis weiß,
was er in der Jugend hätte tun sollen.

Kinder fühlen sich schon erwachsen, Greise noch jung
und keiner so zeitlos wie Nummern.

Rätsel : Sind Geldgeber bessere Unratgeber?

Sterbliche sollten sich voneinander tunlichst
nicht mehr abgrenzen als von ihrem Schöpfer.

Ein Riesenstandpunkt ist so etwas wie ein Weltallchen
(Universlein).

Verzärtelung härtet ab gegens harte Leben anderer.

Zu lange Jahre noch ist der Jugend jeder Tag zu kurz.

Theorie und Praxis : Was ist das (wert)?

Mein Wort will keine Leser verletzen, sondern nur ihr dickes Fell zeigen.

+ + +

J. W. Goethe : „Ein geistreiches Aperçu ist das, was von der Beschränktheit am wenigsten begriffen wird."

Geistreicher Witz und Geisteswissenschaft

Eine einfache nackte Wahrheit leidet nicht darunter, daß sie in eine literarisch schlechte Form verpackt wird. Wenn sie nur klar und unmißverständlich formuliert ist, kann sie auch in beliebig andere Ausdrucksweisen übersetzt und zurückübersetzt werden, ohne Schaden zu nehmen. Es ist geradezu ein Kriterium ihrer wissenschaftlichen Gediegenheit, daß sie nicht aufhört, wahr zu sein, wenn sie nicht gut ausgedrückt wird. Die Philosophen haben das Ideal einer gegen ihre rhetorische Darstellungen gleichgültigen Allgemeingültigkeit von Wahrheiten übernommen, um wissenschaftlich und nicht literarisch beurteilt zu werden. Die Philosophen haben einem Nietzsche immer den Titel Philosoph abgesprochen; sie nannten ihn einen bloßen Rhetoriker, weil er es gewagt hatte, in jeder Philosophie eine bloße Rhetorik zu sehen. Ein Denker, der so gutes Deutsch schreibt wie Schopenhauer, hört in Deutschland schon dadurch auf, ein wissenschaftlicher Philosoph zu sein, und bringt es höchstens zum 'philosophischen Schriftsteller', obwohl natürlich nicht jeder rhetorisch Gewandte im rhetorischen Gewande eine Wahrheit versteckt hält. Nicht jeder flache Stil verrät tiefe Gedanken, zugegeben, und nicht jeder glänzende Stil, daß diese Gedanken nur durch Abwesenheit glänzen. Am sichersten ist noch die Auskunft: Gut geschrieben ist alles, was wahr ist; Irrtümer, Irrsinn und Irreführungen lassen sich nur in schlechtem Stil ausdrücken. Leider ist einem Satz und einem Aufsatz leichter anzusehen, ob er gut geschrieben ist, als was ihn von einer Lüge unterscheidet. Wer mit der Sprache ringt wie ein Schlamm-Catcher, muß deshalb noch keine klaren Gedanken haben, die der Rede wert wären, und der stilistische Schmuck muß nicht schon immer Gedankenlosigkeit verkleiden, wie in Deutschland unterstellt wird. Stets werfen die Rhetoriker den Rhetorikern vor, nur rhetorisch zu sein, statt sachlich zu argumentieren, aber wer mich einen Sophisten schimpft, hat sich dadurch allein noch nicht als ernster Philosoph ausgewiesen, er kann auch noch so etwas wie ein *Philosophist* sein.

Allzu viele Essays sind lediglich schlechte wissenschaftliche Abhandlungen, d.h. nur Ersatzhandlungen von Schreibtischlern, und zu viele wissenschaftliche Werke sind nur mißglückte Essays von Leuten, die nicht schreiben können. Was ist wissenschaftlicher Anspruch oft mehr als nur der Anspruch, Halbwahrheiten auch schlecht ausdrücken zu dürfen, ohne daß sie dadurch kompletter Blödsinn werden. Der Wissenschaftler sagt sich : Ist es auch schlecht geschrieben, so ist es doch umso wahrer. Der Schriftsteller sagt : Ist es blanke Lüge, so doch glänzender formuliert als jede langweilige Wahrheit. Wenn nach Hannah Arendt das Böse auf Deutsch banal ist, dann kann nicht schlecht sein, was nicht trivial ist.

Vielleicht wird eine Wahrheit kein Irrtum, wenn sie geschickter in Worte gekleidet werden könnte, aber ein Unsinn wird sicher nicht größer, wenn er in wohlgesetzter Rede geäußert wird. Im Übrigen werden meist zu wenige Gedanken in zu viele Bücher gepackt, statt einmal zu viele Ideen auf zu wenige Seiten zu verteilen. Spätestens seit Marx und Nietzsche ist ein Intellektueller verpflichtet, sich kurz zu fassen, d.h. sich nicht vor der beschämenden Entdeckung zu fürchten, daß dann auf dem Papier nicht genug da steht, um Staat damit zu machen. Aber was nützt es mir, Unwichtiges wegzulassen, damit das Entscheidende hervortritt, wenn ich nicht die Kunst beherrsche, im Gegenteil gerade den Kern der Sache auszusparen, damit er aus den so köstlich gestalteten Schalen sicherer und stimulierender erraten wird?

Engländer nicht anders als Franzosen haben für Geist und Witz das gleiche Wort. Auch Deutsche haben in ihrer Sprache die etymologische Verwandtschaft von Witz und Wissen, aber sie machen selten Gebrauch davon. Im Deutschen ist der Erfahrene nicht der Gewitz(ig)te, sondern ein alter Trottel, und wer im Geiste die Zukunft kurz vorwegnimmt, gilt als so vorwitzig, daß ihm ein *ekstatisches Sich-vorweg-sein* (Heidegger) bescheinigt wird und ein 'Vorschein von Möglichkeit' (E. Bloch). Hier ist die Wissenschaft so witzlos, daß alles Witzlose schon als wissenschaftlich passieren darf, und der Geist ist nur eine kuriose Spielart von Unwissenschaftlichkeit. Will man der Wissenschaft hierzuvaterlande glauben, lassen sich über Paradoxe wissenschaftliche Wahrheiten finden, nicht jedoch die wissenschaftliche Wahrheit in Paradoxien ausdrücken, ohne sogleich wissenschaftliche Unwahrheit oder unwissenschaftliche „Wahrheit" zu werden. Nun gibt es inzwischen schon eine „Kritische Wissenschaft", und wer will heute nicht kritisch sein? Kritisch denken heißt, das Wahre vom Falschen zu sch(n)eiden. Die kritische Unterscheidung und das unkritische Scherzen haben die gleiche etymologische Wurzel, das saubere Trennen, Sondern und kastrierende Abschneiden. Der kritische Scherz ist als ehrloser Ehrabschneider verpönt. Man macht keine Witze über ernste Dinge, und ernsthaft sprechen läßt sich heuer nur über witzlose Dinge.

In Wirklichkeit und in Wahrheit ist es damit natürlich so genau umgekehrt, dass zwar alle Intellektuellen gegen die Orthodoxie gleich welchen Lebensbereiches sind, aber die allermeisten ebenso fähig sind, Paradoxes zu verstehen und zu verurteilen, wie sie unfähig sind, nun ihre Ketzerei in Paradoxen glaubhaft zum Ausdruck zu bringen. Wenn Dialektik die Fähigkeit ist, eine paradoxe Realität angemessen wiederzugeben, ist dieses Talent so selten wie Genie.

Die allermeisten Bücher, die hier erscheinen, sind zu homöopathischen Dosen verdünnte Schwefelsäure, hinter der nur Apfelsäure steckt. Ein einziger halbverstandener Gedanke wird zu mindestens einem ganzen Buch, statt daß ein Buch, wenn es schon nicht hundert Gedanken enthält, wenigstens auf hundert andere Gedanken bringt, als im Buch drinstehen.

In Deutschland sind es ja nicht Romane, die fehlen, denn "die Dichter lügen zu viel" (Plato). Was in Deutschland schmerzlich fehlt, sind Essays, die die Wahrheit gut sagen, und noch schmerzlicher als die Essays fehlen die Leser solcher Essays. Wenn nach Essays keine Nachfrage besteht, durch die ein Angebot erzeugt wird, dann muß es eben ein Angebot von Essays geben, durch die eine Nachfrage produziert werden kann. Statt an Menschen zu appellieren, endlich die Bücher zu lesen, die es nicht gibt, müßte an die Schriftsteller appelliert werden, diese Bücher und ihre Leser zu schaffen. Solange es nur Bücher gibt, auf deren Seiten der Blick wie auf einen Fernsehschirm fällt, gibt es in Deutschland keine intellektuelle Auseinandersetzung mehr, und die Diskussion darüber hat noch gar nicht begonnen. Begonnen hat ja nicht einmal die klare Feststellung, daß sie noch gar nicht begonnen hat.

Auf hundert eindimensionale Autoren kommt kaum ein einziger Intellektueller, der dialektisch denken und die Orthodoxien in Paradoxa diskutieren kann. Nicht jeder Witz ist ein Paradox, aber wirkliche Dialektik ist eine Form des Witzes: Erwartungen werden geweckt, um sie leerlaufen zu lassen. Die dabei ersparte Energie steht für Revolutionen oder Gelächter zur freien Verfügung, ob es sich um Gefühle, Vorstellungen oder Hemmungsaufwände anderer Art handelt.

In der Bewegung ein und desselben Satzes müßten gängige Erwartungen aufgebaut und durchkreuzt werden und als Einwände gegenstandslos verpuffen. Man sollte Bücher boykottieren, in denen nicht jeder Satz ein Sprung hinaus ist aus dem Gegensatz der Sätze auf eine Ebene, wo der Widerspruch verschwindet und zugleich als ein neuer „dummer Spruch" wiederauftaucht. Nietzsches 'Fröhliche Wissenschaft' hat heute so verdächtig viele Kenner im Lande, weil sie so wenige Könner hat. Zu viele Leute machen aus der Not, zum wissenschaftlichen Establishment nicht zugelassen zu sein, die eher zweifelhafte Tugend, Nietzsches menschlich-allzumenschliche Rhetorik nur zu bewundern, statt sie zu beherrschen. Ein Zeitungsartikel, der kein Scherzartikel ist, läßt sich nicht ernstnehmen, und ein Buch, das nicht mit dem Entsetzen Scherz treibt, ist entsetzlich witzlos, weil es durch den Überfluß seiner seriösen Feierlichkeit überflüssig wird. Dialektik ist der Witz an der Sache und bei der Ur(ur)sache.

Das Wissenschaftlichkeitsritual setzt stets ein ernstes Gesicht auf, wenn die methodische Zurüstung des verhandelten Themas als eine zwangsneurotische Pedanterie sich lächerlich machen will. Die umständliche Betulichkeit und Schwerfälligkeit der permanenten Absicherung nach allen Seiten kommt nie zur Sache und nennt genau das ihre Sachlichkeit. Aus der Not, nicht schreiben zu können, ist dann die Tugend schmuckloser Nüchternheit gemacht, die sich durch kein Blendwerk beirren läßt. Der wissenschaftliche Wachsabdruck der Wirklichkeit ist das Wachs in den Ohren des Wissenschaftlers gegen die Sirenenklänge der Kunst, und damit ist die Unsachlichkeit erfolgreich verwechselt mit einem brillanten Feuerwerk funkelnder Paradoxe. *Anything goes*? Paul Feyerabend ist nur der ernste Programmatiker einer fröhlichen Wissenschaft und nicht der elegant scherzende Praktiker seiner einen gelehrten Vision. Er beherrscht nur die eine Methode, keine ernsthafte Methode auszuschließen, und ist nur der würdevolle Prediger einer ihm unzugänglichen gelehrten Frivolität. Wir reden mit grotesker Feierlichkeit dauernd von Dingen, die ohne jede Bedeutung sind wie Friedensbewegungen und Alternativkulturen, aber mit den schwerwiegendsten und entsetzlichsten Dinge der Welt treiben wir ständig unseren größten Spott wie mit Ehe, Kinderkriegen und AIDS-Tod.

Zum Lachen ist nur die Feierlichkeit der Experten und Spezialisten, während es auf der Welt nichts Ernsteres gibt als die Leichtfertigkeit eines erzdialektischen Taschenspielerkunststücks. Worüber soll man am lautesten lachen, wenn nicht über die ernstesten Dinge. Wie anders sollen die tiefsten sozialen Probleme des gemeinen Volkes denn gelöst werden als durch frivolste Scherzrätselfragen, und was soll man ernster nehmen als den Witz, mit dem Egon Friedell seine umfassend profunde Kulturgeschichte der europäischen Neuzeit erzählt hat auf 2000 Seiten. Friedell unterhält nicht glänzend, *obwohl* er belehrt, sondern *weil* man mehr weiß, wenn man ihn gelesen hat, und er bringt dem Leser nichts Neues bei, obwohl er ständig scherzt, sondern weil er dauernd geistreich spielt mit den blutigsten Fürchterlichkeiten der Weltgeschichte und die lächerlichsten Nichtigkeiten aller Epochen studiert, als ginge es um Leben und Tod. Es gibt gar kein besseres Geschichtsbuch für den, der nicht so beliebig viel Zeit für das lustige Studium wenig lustiger Zeiten hat wie ein Historiker, der seine Seriosität nicht gefährden will.

Kurz und gut oder lang und breit?

Es gibt Schriftsteller, die schon in zwanzig Seiten ausdrücken können, wozu ich manchmal sogar zwei Zeilen brauche" (Karl Kraus). Man beklagt zu Recht die nicht zu bewältigende Flut der Neuveröffentlichungen, die steigende Selbstrevolutionierungsrate der Wissensbestände. Wir haben nicht nur taubstumme Zuschauer und die Einbahnstraße der TV-Kanäle, sondern auch dicke Bücher und einsilbige Leser. Es war einmal eine Zeit, lang ist es her, die liebte lange Reden und kurze Schriften. Daß die Bücher immer dicker werden, hat nicht nur verlagstechnische Gründe. „Die geistige Situation der Zeit" bezeichnete Habermas 60 Jahre nach Jaspers als „neue Unübersichtlichkeit". Die „automatische Textverarbeitungsmaschine namens Habermas" (W. Pohrt) ist das beste Beispiel für die von ihm monierte Misere. Seine Werke sind geschwollen durch die Lesemassen der von ihm „kritisch angeeigneten" Autoren.

Was bei Naturwissenschaftlern noch einen sachlichen Grund in der rasanten Zuwachsrate ihres Erkenntnisstandes hat, wird bei den Geisteswissenschaftlern zur puren Unfähigkeit, zur Sache zu kommen und bei der Sache zu bleiben. Die rechte Alternative zum komprimierten Schlagwort ist nicht das uferlose Auswalzen. Die „schlechte Unendlichkeit" (Hegel) moderner Diskussionen, die überbordende Logorrhoe, zu der jeder etwas beisteuern will, wenn er sie nicht hochmütig boykottiert, ist mit der Idee eines kontinuierlichen wissenschaftlichen Fortschritts nur schwer vereinbar. Wer seine unmaßgebliche Meinung wenigstens einmal sagen durfte, findet sich leichter damit ab, daß er sie im Schlusskommuniqué kaum berücksichtigt findet.

Wer eine in umfangreichen Abhandlungen niedergelegte wissenschaftliche Theorie kritisiert, wird nicht jeden einzelnen Satz auskritisieren, sondern macht sich von den besprechungswürdigen „Ausführungen" erst einmal eine handliche Kurzfassung zurecht. Er „beschränkt sich auf das Wesentliche" und kommt auf die wenigen springenden Punkte zu sprechen. Man fragt sich natürlich, warum der zu kritisierende Autor sich nicht schon selbst auf diese bequemer diskutierbare Kondensversion beschränkt hat.
Jeder fühlt sich „verkürzt" dargestellt und stellt doch jeden anderen selber verkürzt dar. Er breitet sich genüßlich auf vielen Seiten aus und ist so frei, vom Widersacher nur eine leichter kritisierbare karikaturistische Schrumpfversion gelten zu lassen. Bei der Referierung gegnerischer Positionen fällt jedem die Kürze leicht, die ihm bei der Darstellung der eigenen unzumutbar dünkt. Der Verdacht muß erlaubt sein, hier handle es sich eher um Eitelkeit als um Sachlichkeit. Das Oberflüssige wird nicht gekürzt, damit es der Gegner leichter hat, sondern das sachlich Gebotene eher aufgebläht damit es nach mehr aussieht.
Das Viele im Einen zu sehen, ist Sache der Sinne, und das Eine im Vielen zu sehen, ist Sache des Begriffs. Etwas auf einen Begriff bringen heißt nicht nur, verschiedene Dinge, sondern sogar gegensätzliche Standpunkte zusammenzufassen. Dieser Begriff darf die Kontroversen, die er umfaßt, nicht noch erst vor sich haben, sondern muß sie schon hinter sich haben, wenn er denn etwas begreifen und nicht nur versprechen soll. Ganz gewitzte Begriffe greifen den Kontroversen schon vor, die sie erst resümieren sollen. Je weiter die fraglichen Positionen auseinander liegen, desto witziger das Urteil, das ganze Diskussionen enthält und nicht abschneidet. Sich von Streitgesprächen einen Begriff machen heißt, die Übereinstimmungen wie die

Differenzen zu protokollieren. Gesucht ist da nicht die Parole, die Widersprüche einfach unterschlägt, sondern der schlagende Begriff, der sie übersichtlich ausdrückt. Der „lapidare" Stil der Alten hatte sein Maß an den Stein-Inschriften. Wer das, was er sagen will, in einen Gedenkstein einmeißeln (lassen) muß, faßt sich notgedrungen kürzer als einer, der beliebig viel geduldig Papier oder Speicherplatz vor sich hat. Wer keine Erwiderung will, der findet kein Ende. Nicht schwammiges Zerreden, sondern handliche Engführung der Gedanken beweist Höflichkeit gegen den Leser. Wo kommt aus Disputen etwas heraus, das in neue Dispute eingehen kann, und was dicken Romanen recht ist, sollte geisteswissenschaftlichen Abhandlungen nicht billig sein.

Lakonische Prägnanz der Darstellung will Diskussionen niemals abwürgen und einsparen, sondern gerade freigeben und ermöglichen. Die Alten noch wußten das. Ein Diskurs, der nicht vergeblich gewesen sein soll, läßt sich ohne Substanzverlust nur durch Prägnanz für Anschlußdiskussionen retten. Wie werden ganze Gedankengebäude zu Bausteinen neuer Gebäude gemacht? Wenn Informationstheorien einen praktischen Sinn haben sollen, der auch theoretischen Ansprüchen genügt, dann muß die Quintessenz ganzer Wissenschaftsdispute unter Marginalisierung ganzer Etappen sich ohne Sinnentstellung miniaturisieren lassen. Geist ist Gespenst oder denkökonomische Verdichtung ergebnisträchtiger Palaver zu weiterführenden Formeln. Das Verdichtete wird dadurch nicht zum Gedicht. Alle müssen zu Wort kommen, ihre Beiträge gehen als Momente in der Selbstentwicklung der verhandelten Sache nicht unter. Gerade das vielgeschmähte romantische Fragment wäre zu rehabilitieren, nicht als verwässernde Popularisierung, sondern als Problembewußtsein und prägnantes Konzentrat des potentiell unendlich fragmentierten Wissens. Geistesgeschichte ist Abbreviatur endloser Diskurse. Von daher entpuppt französischer Esprit sich einfach als praktikablerer Aggregatzustand verfügbaren Wissens. Er ermöglicht die paradigmatischen Kurswechsel der theoretischen Neugierde, wenn „immer mehr vom Gleichen" (Watzlawick) immer mehr vom immer gleichen Unsinn wäre. Ein Essentialismus kundiger Destillate tut not.

Wenn jeder mitreden dürfen soll, wird es umso wichtiger, vielsagend wenig zu reden. Das demokratische Ritual leidet heute daran, daß nicht alle zu Wort kommen, weil einige das Wort nicht wieder abgeben können, und wo jeder Zeit hat zu reden, hat niemand mehr Zeit zuzuhören. Der breite Brei der rücksichtslos seelenruhigen „Ausführungen" erstickt uns alle. Langweilige Wortmeldungen der Experten und der Laien ufern aus und laufen aus dem Ruder. Enzyklopädische Pedanterie ist kein Monopol der Gelehrten.

Die Besten von uns können ganze Schachpartien ohne Partner im Kopf imaginieren. Wir anderen spielen die Partien, die Genies gegen sich selbst spielen, mit Partnern nach. Hegel hat die breiten Dialoge Platons zu schlagfertiger Dialektik verschärft. Nur Quintessenzen lassen sich angreifen, deshalb zieht niemand sie gern aus seinen eigenen Wälzern und Tiraden.

Kritik, die sich gegen Kritik immunisieren will, macht aus dem Gegner keinen leichter prügelbaren Popanz, aber dampft seine Ausführungen auf ihre Aporetik ein. Die prägnant entfaltete innere Antithetik jeder These wird zur neuen These. Die „Quintessenz" einer Sache ist ein feinster Stoffauszug. Sie ist das Wesen der Sache in der Nußschale einer zugespitzten Formulierung. Je angreifbar konziser die kontroversen Positionen formuliert sind, desto unangreifbarer geraten ihre überprüfbaren Resultate.

Novalis nannte seine Fragmente „litterarische Sämereyen", die noch aufgehen sollten. An ihren Früchten, die Keime ausstreuen, sollt ihr sie erkennen.
Warum soll der Leser sich die Zeit nehmen, die sich der Autor gespart hat? Der Verfasser muß die Zeit haben, sich kurz zu fassen. Wir haben immer weniger Zeit, weil wir immer breitere Darstellungen bevorzugen, die immer mehr Zeit kosten. Wer sich Zeit nimmt, spart Zeit, und wer keine Zeit hat, verliert viel Zeit damit. Ich habe nichts gegen dicke Bücher, ziehe aber hundert Ideen auf einer Seite einer Idee auf hundert Seiten vor, auch wenn ich die Gedanken dort nicht lese, sondern nur auf sie gebracht werde. Der Aristokrat hat Zeit und faßt sich kurz, weil sein Leser keine hat. Der Autor, der keine Zeit zur Prägnanz hat, findet auch niemanden, der Zeit genug hat, seine Wälzer zu lesen. Kurz: Wer viel denkt, der sagt und schreibt wenig, aber dieser Satz läßt sich leider nicht einfach umkehren, ohne zu verlieren. Wer viele Worte macht und verliert, will oft nur nicht nachdenken müssen und nachdenken lassen.

„Wenn man vor den Deutschen Geist zeigt, so bemühen sie sich zu verstehen ... Sie tun sich zusammen, um ein Bonmot zu verstehen." (*Rivarol*, 1753-1801) Und sie entwickelten trockene Geisteswissenschaften, um den fehlenden Witz und Esprit akademisch zu ersetzen und zu überbieten, bis der kurze Geistesblitz langweilig entschärft und diskursiv ganz zerredet ist. War der Franzose virtuos und geistreich, wurde der Deutsche pedantisch breit und gründlich, auch und gerade im Zeitalter der Aufklärung.

+ + +

Weiterführendes vom Autor

"Objektivität durch Subjektivität oder umgekehrt?"
*Phänomenologischer Entwurf
einer dekonstruierten Erkenntnistheorie*
ISBN 3-89811-157-1   164 Seiten

Diese Arbeit versucht, die klassische Disziplin der Erkenntnistheorie, welche heute in Wissenschaftstheorien aufzugehen droht, wiederzubeleben durch Rückgriffe auf psychoanalytische Befunde und auf aphoristische "Gnome" (griechisch "Erkenntnis") – die den philosophischen Mainstream unterirdisch begleiten – am phänomenologischen Leitfaden von Sartre, Heidegger und Conrad-Martius. Das Unbewußte gilt seit Freud als *missing link* zwischen Leib und Seele. Die Erkenntnisbedingungen und -widerstände kommen nicht nur aus Verstand oder Gegenstand, sondern auch aus leiblich fundierten Triebkonstellationen. Daß die Erkenntnis- und Selbsterkenntnisleistungen des menschlichen Bewußtseins hinterrücks oft mitbestimmt – oder systematisch verzerrt – werden durch abgewehrte Anteile der Subjektivität, wäre für die philosophischen Erkenntnistheorien endlich fruchtbar zu machen, und die Aphoristiker waren immer auch de(kon)struierende Ur-Analytiker des Unbewußten hinter rationalisierenden Bewußtseinsfassaden.

"Nur in der Fremde fühle ich Fernweh" oder :
„Die grüne Bank am Deich" (*Idyllischer Roman*)
ISBN 3-89811-378-7 *296 Seiten*

Zwischen Gedenken und Gedanken. Ein alter und ein junger Mann sprechen über Gott und die Welt und die Seele, auch über Adalbert Stifter. Und sie erinnern sich an ein Leben in Bibliotheken und im Buch der Natur, nicht in Staat und Gesellschaft. Eines Tages kommt eine junge Frau dazu, das ist fast alles. – "Von Verwicklungen und Lösungen, von Herzenskonflikten und Konflikten überhaupt, von Spannungen und Überraschungen findet sich nichts" in diesem stillen Roman, der das Idyll rehabilitieren will, die heute verrufenste aller Gattungen. Darin liegt die sozialkritische Provokation, ein noch unzeitgemäßes Plädoyer für Studierstubenhocker in kontemplativsten Elfenbeintürmen, nicht für komische Käuze im hektischen Koma.

"Künste und Wissenschaften als verlorene Paradiese –
Essays zur Bedeutung der Kultur-Idyllen"
ISBN 3-89811-801-0 *252 Seiten*

"Die ... Unabhängigkeit, die der eine draußen in der Welt sucht, findet der andere in dem Freistaat der Kunst und Wissenschaft." (Th. Fontane) Kultur als Selbstzweck ist der einzige Garten Eden, der jedermann jederzeit offen steht. Auch und gerade Kunstwerke anti-idyllischen Inhalts z.B. stellen häufig schon kraft ihrer ästhetischen Form in sich stimmige Kultur-Idyllen dar. Überfällig wäre die methodische "Contemplation in a world of action" (Th. Merton), also wird angeknüpft an Traditionsbestände, welche die heute soziohistorischen Paradigmen versuchsweise ersetzen durch gründlich entkollektivierte und praxisabstinente Theorie-Kulturen. – Die reine Bildungsidylle, die nichts als kosmische Ordnungen ohne jeden Aktionsappell betrachtet, war aber wohl immer schon selbst jene Sozialutopie, von der sie historisch meist nur begraben wird.

Werke von Rolf Friedrich Schuett

„Martin Heidegger –
Versuch einer Psychoanalyse seines *Seyns*" (Essen 1993)

„Aphorismen zur Binsenweisheit von morgen"
(Essen 1995)

„Am schnellsten vermehrt sich die Unfruchtbarkeit –
Essays zur Multi-Kulturlosigkeit" (Oberhausen 1998)

„Objektivität durch Subjektivität oder umgekehrt? –
*Phänomenologischer Entwurf einer
dekonstruierten Erkenntnistheorie*" (Hamburg 1999)

„Künste und Wissenschaften als verlorene Paradiese –
Essays zur Bedeutung der Kultur-Idyllen"
(Norderstedt 2000)

„Philosophische Formelsammlung – *Ambivalente
Gedankenexperimente und nachsokratische Fragmente*"
(Würzburg 2012)

„Gedankenlesen: Hirnforschung ohne Computertomographen – *Philosophie zwischen Wissenschaft, Kunst und
Religion*", Deutscher Wissenschafts-Verlag
(Baden-Baden 2013)

„Die Liebhaber der Sophie –
Philosophiegeschichte in Philosophengeschichten"
(Norderstedt 2014)

„Ist *philosophical correctness* eine Kommunikations-
wissenschaft? – *Versuch über moderne Versuchungen*"
(2. überarbeitete Auflage, Norderstedt 2015)

„Aphorismen zur Zeitaltersweisheit –
Kopfverdreher, Kopfzerbrecher" (Norderstedt 2014)

„Zur Tiefenpsychologie der Philosophiegeschichte –
Kurze Geschichte der unbewussten Weltanschauungen",
3. überarbeitete und erweiterte Auflage
(Norderstedt 2015)

„Quanten, Quarks und Strings im Kopf –
Eintausend neue Aphorismen" (Norderstedt 2015)

„Die längste Leine trägt die Freiheit –
Faule Zaubersprüche" (Norderstedt 2015)

„Die meisten Aufrechten sind unter Gefallenen –
Dumme Sprüche und alte Spiele", (Norderstedt 2015)

„An sein Innerstes erinnert sich keiner –
Nicht ganz dichte Gedichte", (Norderstedt 2015)

„Mann und Frau befreien sich – voneinander"
Geschlechterkrieg oder Klassenkampf?
(Norderstedt 2015)

„Wer gut abschneidet, kastriert –
Zurück zur frühromantischen Magie?"
(Norderstedt 2015)

„Zur Dialektik und Phänomenologie
der Natur- und Kulturidyllen"
Philosophische Untersuchungen
(Norderstedt 2015)